我国贫困治理效果评估理论与实证研究

0年国家社会科学基金重点项目『我国贫困治理组合政策中长期效果
研究』（批准号：20AJY013）成果

杜为公　杜康　著

WUHAN UNIVERSITY PRESS
武汉大学出版社

图书在版编目(CIP)数据

我国贫困治理效果评估理论与实证研究/杜为公,杜康著.—武汉:武汉大学出版社,2021.6(2022.4 重印)
ISBN 978-7-307-21406-4

Ⅰ.我… Ⅱ.①杜… ②杜… Ⅲ.扶贫—评估—研究—中国 Ⅳ.F126

中国版本图书馆 CIP 数据核字(2019)第 293211 号

责任编辑:陈 红　　责任校对:李孟潇　　整体设计:马 佳

出版发行:**武汉大学出版社**　(430072 武昌 珞珈山)
(电子邮箱:cbs22@whu.edu.cn 网址:www.wdp.com.cn)
印刷:武汉邮科印务有限公司
开本:720×1000 1/16　印张:13.25　字数:236 千字　插页:2
版次:2021 年 6 月第 1 版　2022 年 4 月第 2 次印刷
ISBN 978-7-307-21406-4　定价:48.00 元

杜为公

河南新乡市人，获理学学士、经济学硕士、管理学博士学位，有两站博士后的研究经历；英国伯明翰大学和约克大学访问学者；2006年被评为应用经济学博士生导师。现任经济学院教授。

主持完成国家自然科学基金项目1项、国家社会科学基金项目5项，在研国家社会科学基金重点项目1项；主持完成国家软科学项目1项、中国博士后基金项目1项、中国人民解放军军事经济研究中心课题4项、中国人民解放军总后勤部后勤学术研究课题3项、湖北省社会科学基金项目5项；主持完成其他各级课题50余项。

主持完成国家社会科学基金、国家自然科学基金项目清单如下：

2002年主持国家社会科学基金项目“战争的经济承受力研究”（批准号：02EJY002）；

2004年主持国家社会科学基金项目“西方国防经济学最新发展研究”（批准号：04BJL043）；

2006年主持国家自然科学基金项目“基于全寿命理论的武器装备分阶段采办理论与实证研究”（批准号：70673112）；

2008年主持国家社会科学基金项目“自然灾害经济损失评估方法比较研究—基于我国2008年暴雪灾害的理论与实证比较”（批准号：08BJL021）；

2013年主持国家社会科学基金后期资助项目“西方农业经济学理论与方法新进展研究”（批准号：13FJY007）；

2016年主持国家社会科学基金项目“农民工家庭链式迁移与城市接纳方式研究”（批准号：16BJY102）；

2020年主持（在研）国家社会科学基金重点项目“我国贫困治理组合政策中长期效果评估研究”（批准号：20AJY013）。

杜康

湖北武汉市人，获工学学士学位（山东大学）、工学博士学位（National University of Singapore）；曾获优秀本科交换留学生资助（Kanazawa University）；有两站博士后的研究经历（National University of Singapore）。第十二届“春晖杯”中国留学人员创新创业大赛优秀奖获得者（2017年）、第十五届“春晖杯”中国留学人员创新创业大赛优秀奖获得者（2020年）；新加坡国立大学“CDPE Air Conditioning Development and Commercialization”创业合伙人、“Ecobinder”创业合伙人、“Microtube Technologies”创业团队成员。

现任中国海归创业企业“老杜书房科技信息有限公司”法人。

在*Energy Storage Materials*、*ACS Applied Materials & Interfaces*、*Advance Materials Research*、*Journal of Electrochemical Society*、*China Science and Technology Review*等杂志发表SCI高因子收录论文11篇：如“*Investigations of Thermal Stability and SEI on Na2Ti3O7/C as a Non-Carbonaceous Anode Material for Sodium Storage Using Non-flammable Ether-based Electrolyte*”“*A Comprehensive Study on the Electrolyte, Anode and Cathode for Developing Commercial Type Non-flammable Sodium-ion Battery*”“*Monoclinic Sodium Iron Hexacyanoferrate Cathode and Non-flammable Glyme-based Electrolyte for Inexpensive Sodium-ion Batteries*”“*Investigations of Thermal Stability and SEI on Na2Ti3O7/C as a Non-Carbonaceous Anode Material for Sodium Storage Using Non-flammable Ether-based Electrolyte*”“*A Comprehensive Study on the Electrolyte，Anode and Cathode for Developing Commercial Type Non-flammable Sodium-ion Battery*”“*Monoclinic Sodium Iron Hexacyanoferrate Cathode and Non-flammable Glyme-based Electrolyte for Inexpensive Sodium-ion Batteries*”“*Analysis of Orgnizations of Brazed Seam 5052 Al Alloy Contact Reactive Brazing*”等。

获国际授权专利4项：如Law US Provisional Patent Application No. 62/412,893（Title: Non–Flammable Sodium Ion Batteries）等。

目　　录

1 导　论

1.1 研究背景与研究意义

1. 研究背景

贫困影响社会公平、社会稳定和经济发展。把贫困控制在人类可以接受的范围是各国政府的主要目标之一。治理贫困是人类的共同使命，是当今世界面临的最大挑战。

1985年世界银行根据购买力平价，确定“人均年收入低于370美元的群体为极端贫困”。至2014年底世界贫困人口约为11亿，其中中国为1.2亿，约占世界贫困人口总量的10%。① 截至2017年底中国绝对贫困人口(1.9国际元/日以下)约为900万，绝对贫困率为0.65%；中国相对贫困人口(3.1国际元/日以下)约为6900万，相对贫困率已经下降到4.97%。世界银行预测2019年中国绝对贫困人口和相对贫困人口分别是500万、4300万，绝对和相对贫困率分别是0.36%、3.1%。②

我国的贫困治理成就举世瞩目。1978—2005年农村贫困发生率从30.7%下降至2.5%，特别是中共十八大以来，5年共减贫人口6600多万，年均减贫1300人万以上。③ 2010年我国将贫困线调整为人均年纯收入2300元，贫困人口数量相应增长为1.6亿。④ 2015年再次把贫困线调整为人均年纯收入3200

---

① 数据来源：世界银行2007年12月中旬和2008年2月底分别发布的2005年全球国际比较项目初步报告和最终报告.

② 数据来源：世界银行2017年10月4日发布的《东亚太平洋地区经济展望半年报》.

③ 数据来源：中国全国扶贫开发工作会议公报(2017年12月29日).

④ 数据来源：过去近30年中国农村贫困发生率从31%降至2.5%. 参见中国发展研究基金会. 中国发展报告(2007)：在发展中消除贫困. [EB/OL]. (2007-09-26). http://news.xinhuanet.com/newscenter/2007-09/26/content_6794912.htm.

元，截至2015年5月，我国农村贫困人口数量为5575万，贫困发生率为5.7%。① 根据《2016年国民经济和社会发展统计公报》，按照每人每年2300元(2010年不变价)的农村贫困标准计算，2016年农村贫困人口为4335万。② 2017年农村贫困人口3046万，贫困发生率为3.1%。③ 我国在“2015年减贫与发展高层论坛”上提出，“中国要在未来15年内消除绝对贫困”“到2020年要实现在新贫困线下的7000多万贫困人口脱贫”，并提出“精准扶贫”的重大理论与政策命题，标志着我国进入“精准扶贫”新阶段。2018年年末，全国农村贫困人口1660万人，比上年末减少1386万人；贫困发生率1.7%，比上年下降1.4个百分点。④ 2019年再减少贫困人口1000万以上。⑤

到2020年我国将消除绝对贫困人口。⑥ 我国扶贫任务仍然任重而道远。“我国脱贫攻坚面临的任务仍然十分艰巨。未来三年，3000万左右农村贫困人口需要脱贫，越往后难度越大。”⑦按照现行农村贫困标准，到2018年年底，全国还有3000万农村贫困人口；还有14个集中连片特困区，552个国家扶贫开发重点县。⑧ 长期困扰贫困群众的吃水难、行路难、用电难、上学难、就医难、增收难、贷款难等诸多问题没有根本解决。全社会广泛参与扶贫的平台尚未建立，支持、引导、监管等政策也不够健全。

可见，“贫困治理考核评价指标”“贫困治理效果评估”问题是当前政府关

---

① 数据来源：国家统计局2016年3月29日发布的《2015年国民经济和社会发展统计公报》显示，2015年农村贫困人口从上年的7017万人减少到5575万人，减少1442万人，贫困发生率从2014年的7.2%下降到5.7%。

② 数据来源：中国贫困人口有多少，中国贫困人口数量统计，中国贫困人口标准，http://www.chinairn.com/scfx/20180423/110719433.shtml.

③ 数据来源：2017年末我国农村贫困人口减少到3046万人，http://www.sohu.com/a/220417164_115423.

④ 国家统计局发布2018年我国脱贫攻坚战进展情况，https://baijiahao.baidu.com/s?id=1625532363264940487.

⑤ 2019年再减少贫困人口1000万以上，http://sh.people.com.cn/n2/2019/0308/c134768-32721295.html.

⑥ 数据来源：国务院扶贫办主任：到2020年我国没有绝对贫困人口，http://politics.people.com.cn/n1/2017/0817/c1001-29478092.html.

⑦ 数据来源：中共中央 国务院关于打赢脱贫攻坚战三年行动的指导意见，http://news.163.com/18/0819/22/DPJSRVAF000189FH.html.

⑧ 国务院扶贫办：我国中西部40个县实现脱贫摘帽，https://news.qq.com/a/20180818/029295.htm.

注的重大问题，也是学术界需要研究的重大理论和现实问题。

当前，我国贫困治理效果评估在理论研究和实践操作方面都存在一些需要研究的空间：

(1)理论研究层面的问题。我国贫困治理效果评估理论研究滞后于实践，有些研究缺乏理论深度，处于初始阶段。有些理论研究多是针对某地区或者某贫困治理方式或扶贫项目的具体评估，尚未建立符合国际惯例且适应国情的包括评估原则、评估标准、评估技术与方法、评估程序、评估模式等在内的评估机制。贫困治理实践与贫困治理效果评估理论发展的不均衡，影响贫困治理效果的提高。当前出现的致贫原因多样化、贫困人口外出务工数量多、返贫率高等现状，也对贫困治理效果评估理论研究提出了新要求，需要进行深入的理论研究。

(2)实践操作层面的问题。贫困治理效果评估实践中，多是“运动式”“评比式”“突击式”评估，评估结果多是实务性的工作总结报告，以扶贫工程评估代替贫困治理评估，以扶贫政绩代替贫困治理效果评估，实际操作有时存在随意性、单项性、消极被动性，多是将经济指标等同于评估指标。以实践指导实践的现象较多，相关性、针对性和可操作性不强，使评估结果的信度和效度受到一定影响。贫困治理评估的重要性没得到政府和社会的广泛认可，评估专业机构、评估人才不足，没有支持评估的相关立法，评估在贫困治理过程中作用有限。在评估对象选择方面，多以全国总体数据代替区域、群体、个体数据，且各评估对象的界限模糊。没有形成由政府部门、独立社会团体、研究机构等多元参与的评估实施机构。

综上所述，贫困治理效果评估研究是我国经济社会发展中的重大理论与现实问题，相关研究具有一定的学术价值和应用价值。

2. 研究意义

(1)“贫困治理效果评估研究”是对政府经济学、人口经济学、社会经济学、农业经济学、城市经济学等理论的丰富和发展。中国是世界上最大的发展中国家，中国的贫困问题不仅是世界贫困问题的重要组成部分，也是世界贫困理论研究的重要内容。我国治理路径、评价主体、评价方法、评价程度与实践的特殊性，与当今世界流行的贫困理论与方法存在差异。从多层面、多角度对我国贫困治理效果评估问题进行研究，对构建贫困治理效果评估理论具有重要意义。

(2)“贫困治理效果评估研究”是实现我国“十三五”发展目标与任务的现

实要求，是实现我国社会“四个全面”“五位一体”发展的需要，是实现《中国农村扶贫开发纲要(2011—2020年)》《中共中央 国务院关于打赢脱贫攻坚战的决定》《中共中央 国务院关于打赢脱贫攻坚战三年行动的指导意见》《关于建立贫困退出机制的意见》制定的目标的需要。我国贫困治理效果评估，有助于判断、检验当前贫困治理扶贫项目的效果、扶贫效率和效益，为今后合理配置贫困治理政策、项目资源奠定基础，为决策者提供调整贫困治理政策与手段的现实依据。贫困治理效果评估研究具有重要的现实意义。

1.2 文献综述

1. 课题组收集的国内外相关研究资料来源

课题组收集到的文献资料包括：政府部门绩效评估研究的间接文献；贫困治理效果评估研究的直接文献。

(1) 主要著作、论文、研究报告的代表性观点

学者们从不同角度、不同学科采用不同方法和分析工具进行研究并形成了具有启发意义的理论成果。

国外经济学、社会学、政治学研究者较早关注贫困及其治理问题。我国学者从20世纪80年代才开始进行较为系统的研究。早期的贫困问题研究主要是对贫困现象的描述和哲学、政治学层面的分析，① 之后从经济学和社会学层面逐步展开。② 已经形成了关于贫困研究的不同理论范式，即经济福利缺乏说、

① 研究成果主要有：马尔萨斯从贫困发生原因的角度提出了“人口法则”理论；马克思从资本主义生产关系角度研究并区分了无产阶级的“绝对贫困”与“相对贫困”问题；发展经济学家从发展中国家的经济发展出发形成以纳克斯的“贫困的恶性循环”理论、莱宾斯坦的“临界最小努力”理论、缪尔达尔的“循环积累因果关系”理论、舒尔茨的“人力资本理论”等为代表的自由派理论和以阿明的“依附理论”、伊曼纽尔的“不平等交换”理论等为代表的激进派理论；联合国受“间接滴流”理论及罗斯托的“经济成长模式”影响而提出的“两个发展十年计划”；汤森、奥本海默、世界银行等主要从“缺乏”的角度对贫困进行经济社会、精神文化分析而得出的相应研究成果；森从福利经济学的角度提出了作为能力剥夺的权利贫困理论等。

② 早期贫困研究的经典著作有：Booth 的《欧洲国家的资源、福利支出和贫困》(1889年)、Rowntree 的《贫困：城镇生活研究》(1901年)。

个人能力说、社会排斥说和更为全面的人文贫困说。内容包括：贫困的一般性理论研究(主要根据贫困定义、基本的测定方法讨论贫困的基础理论)、贫困治理战略与策略研究(主要根据发展中国家和地区突出的区域性贫困现状讨论反贫困的基本策略与战略模型)、贫困的国别理论研究(主要根据特定国家部分群体、阶层或地区的特殊性贫困问题进行研究)。理论研究经历了从注重物质资本投入转向人力资本倾斜再过渡到综合贫困治理的演进过程。实践经验总结涉及美国、英国、日本等发达国家和印度、孟加拉国等发展中国家的贫困治理评估实践。

(2)贫困治理效果评估实施经验总结

贫困治理的实际操作者在贫困治理的实际操作过程中积累了丰富的经验，值得本研究借鉴。

我国对贫困治理效果的评估在贫困治理实践中发挥了重要作用。我国的扶贫目标自1984年以来主要经过了《国家八七扶贫攻坚计划》《中国农村扶贫开发纲要(2001—2010年)》《中国农村扶贫开发纲要(2011—2020年)》《中共中央 国务院关于打赢脱贫攻坚战的决定》等多次调整，并坚持“政府主导、全社会共同参与”的方针和“开发式为主、救济救助式为辅”的复合型扶贫模式。

我国贫困治理效果评估按评估形式分为：正式评估和非正式评估、内部评估和外部评估、事前评估、执行评估和事后评估；事前评估主要用于扶贫政策、项目的社会影响评估，事后评估主要用于重大的公共政策的贫困影响评估。按政策影响评估分为：效益评估、效率评估、效果评估等类型；近期的评估研究主要关注贫困治理模式评估、资金使用评估、参与式反贫困绩效评估等。如2000年，亚洲开发银行资助中国社会科学院的“社会评估能力建设”项目，将消除贫困、社会性别、少数民族群体和非自愿移民作为投资项目关注的重要内容。2002年，我国原国家发展计划委员会发布的《投资项目可行性研究指南》要求在可行性研究中增加社会影响评估。中国石油天然气总公司、水利部、原铁道部等都提出了项目对弱势群体(移民、失地农民和少数民族)影响的评估办法，主要采用相关方利益分析和参与式方法，强调实地调查的作用。

2. 当前存在的主要问题

①缺少针对贫困地区、贫困县、贫困村、贫困群体或贫困个体的系统评估；对指标体系建立的理论依据、测度指标的选择和权重计算的科学性，以及最终量化指标体系的数理逻辑关系的研究相对较少。多以总体数据代替区域、群体、个体数据，特别对贫困线以下人口的相关研究较少涉及。评估主体(贫困地区地方政府与中央政府、贫困家庭、贫困个体)的界限模糊。在评估内容方面，多以扶贫工程评估代替贫困治理评估，以扶贫政绩代替贫困治理效果。在评估指标体系设计和评估方法选择方面，没有形成符合国际惯例且适应国情的包括评估原则、评估标准、指标体系、依据、技术与方法、评估程序、评估模式等在内的完整的评估机制。

②贫困治理效果评估理论研究滞后于实践，影响贫困治理效果的提高。现有研究多为实务性工作总结，缺乏应有的理论上的深度。评估研究多为实证研究，缺乏规范研究。缺乏多样性的评估方法选择。多采用 Datt 和 Ravallion 提出的贫困分解法或定性评价法。①

③评估重要性没有得到政府和社会的广泛认可，评估在贫困治理过程中的作用有限。评估实施存在随意性、单项性、消极被动性；没有形成由国家机关、政府部门、独立社会团体、研究机构、公众等多元参与的组织、实施机构。

1.3 研究内容

“贫困治理效果评估研究”的主要问题是评估方法与评估程序设计。本课题尝试以我国当前贫困治理效果评估现状为基础，在对相关基础数据采集整理、基本评估理论与基本评估方法选择、国内外经验借鉴的基础上，设计针对不同治理对象(贫困地区、贫困县、贫困村、贫困群体、贫困个体)的贫困治理效果评估方法，并对我国贫困治理效果进行实证检验，从而提出提高贫困治

① 1992 年 Datt 和 Ravallion 提出的贫困分解法或定性评价法见 M. Ravallion, G. Datt. How Important to india's poor is the sectoral composition of economic growth? [J]. World Bank Economic Review, 1996(10).

理效果的对策建议。

本研究的总体框架如图 1-1 所示：

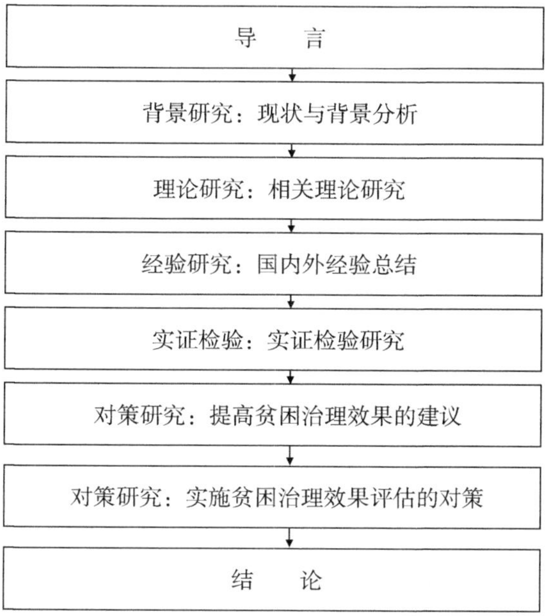

图 1-1 内容结构框图

1.4 研究的重点、难点

(1)重点：针对贫困地区、贫困县、贫困村、贫困群体或贫困个体，分别构建贫困治理效果评估理论体系、评估方法和评估程序，并对样本进行检验性评估。提出提高贫困治理效果的对策建议和实施贫困治理效果评估的对策建议。

(2)难点：针对贫困地区、贫困县、贫困村、贫困群体或贫困个体，如何选择不同的评估方法？如何保证对照样本与原样本数据的可比性？如何确定不同贫困治理方式在最终效果中的作用？“不愁吃、不愁穿，保障其义务教育、基本医疗和住房”的“两不愁、三保障”在评估指标中如何落实？

1.5 研究的创新点

(1)对贫困治理效果评估、评估机制设计的理论与方法进行归纳整理，针对贫困地区、贫困县、贫困村、贫困群体或贫困个体给出了适合国情的贫困治理效果评估理论体系。

(2)完善了研究的基础数据，改变依赖静态历史数据或经验案例的被动方式，走向动态适应性研究，为理论研究奠定了基础。

(3)给出提高我国贫困治理效果的建议以及实施我国贫困治理效果评估的对策。

2 背景与现状研究：数据采集、处理与现状分析

2.1 我国贫困状态的相关数据采集与处理

获取我国贫困状态相关的数据，需要分析贫困标准、贫困线的变化情况。

1. 贫困标准、贫困线的国际比较

国际组织和世界各国出于不同需要，依据不同理论和方法设定贫困标准，并由此测算贫困规模和贫困程度。不同国家乃至同一国家的不同地区贫困状况评价标准不同。在各国贫困线不断调整的前景下，我国贫困线标准与国际接轨是大势所趋。

部分典型国家的贫困标准、贫困线具体情况如表 2-1 所示。

表 2-1 **典型国家贫困标准与贫困线**

国家	贫困标准
美国	贫困线是 3 倍的购买基本食物的开支，同时参照每年由美国卫生与公众福利部发布的标准。截至 1980 年美国共有 124 条贫困线。2011 年 4 口家庭的贫困线为 22380 美元
英国	贫困线是家庭可支配收入的中位数的 60%，但同时监测中位数的 50%～70%的家庭
日本	4 口家庭的贫困线为 22000 美元，相当于普通家庭收入的 50%
新加坡	没有官方贫困线，最低收入排序后 20%的家庭认定为贫困家庭
爱尔兰	贫困线是家庭可支配收入中位数的 60%；参照在贫困指标体系中缺少两项及以上的人口

续表

国家	贫困标准
澳大利亚	现使用的贫困线是1966年制定的，但每年由联邦政府的有关部门根据家庭规模调整系数和价格指数进行调整
印度	贫困线采用城乡两套价格指数，即采用农业劳动力消费价格指数调整乡村贫困线，采用工业工人的消费价格指数调整城市贫困线
中国	2011年贫困线为人均年纯收入2300元(2010年不变价)①

注：①2011年11月29日，中央扶贫开发工作会议在北京召开。时任国务院总理温家宝在会上宣布，中央决定将农民人均纯收入2300元(2010年不变价)作为新的国家扶贫标准。

2. 我国农村贫困标准与贫困线

(1)我国农村贫困标准与贫困线调整

我国城乡二元结构造成贫困人口绝大多数分布在农村。贫困问题研究初期，贫困标准与贫困线主要针对农村贫困确定。20世纪90年代初，我国开始关注城市贫困问题，并建立了城市最低生活保障制度。

2005年我国贫困人口57%的总收入来自农业，50%以上的农村绝对贫困人口分布在西部地区，52%的人口分布在山区。地理和自然条件恶劣、人力资本缺乏、低素质人口、健康状况不良是影响贫困的主要原因。

我国的农村贫困线从1981年开始制定，至今经过了多次调整，主要以年均纯收入为标准。具体如表2-2所示。

表2-2　**我国农村贫困线历史演进情况表**

年度	贫困线标准	使用时间(年)
1981	人均集体分配收入40元和50元(贫困县)	1977—1985
1986	150元(贫困县)	1985—1999
1990	300元	1990—1993
1993	300元	1994—1999
1995	530元	1996—1999

续表

年度	贫困线标准	使用时间(年)
2000	865 元	2000—2007
2008	绝对贫困线为年人均纯收入 786 元, 786 元至 1067 元为相对贫困人口	2008
2009	1196 元	2009—2010
2011	2300 元(2010 年不变价)	2011 年至今

注：1978—1999 年的标准称为农村贫困标准；

2000—2007 年的标准称为农村绝对贫困标准；

2008 年的标准称为农村低收入标准；

2009—2010 年的标准称为农村贫困标准；

2011 年的标准称为农村扶贫标准。

1981 年农业部为划定贫困县，确定了第一条贫困线，标准为人均集体分配收入 40 元和 50 元，相当于当时统销价计算的 150 公斤小麦或 200 公斤水稻的价格，使用时间段为 1977—1985 年。据此来划分 1977—1979 年的穷县和穷队。①

1986 年我国实施大规模扶贫开发计划，确定"扶贫县标准"是 1985 年人均纯收入低于 150 元，且根据各地对革命贡献大小、民族及区域差异和贫困程度适当浮动(最高 300 元)，使用时间段为 1985—1990 年。②

1990 年国家统计局利用食物份额法(恩格尔系数法)确定农村贫困线，其中食物贫困线的确定方法与"马丁法"相同，假定贫困人口生活消费支出中 60%是食物支出，按此计算的 1990 年贫困线为年人均纯收入 300 元，使用时间段为 1990—1993 年。

1993 年国家统计局调整贫困线和贫困县标准，将生活支出分为食物消费

① 汪三贵．贫困问题与经济发展政策[M]．北京：农村读物出版社，1994.

② 国家统计局农调总队在 1986 年对全国 6.7 万户农村居民进行收支调查和 1984 年的历史资料的基础上，采用马丁法并以农民人均纯收入作为标示贫困线的指标进行计算所得。

和非食物消费(衣着、住房、交通、燃料、医疗、教育和娱乐等)两部分。①

1995年后国家利用“马丁法”测算农村贫困线，即选择每人每日2100大卡热量摄入作为必要的营养摄入量。根据低收入组人口的实际消费价格和结构确定必需的食品支出，即食物贫困线。使用回归方法确定必需的非食品支出，即非食物贫困线。“马丁法”中有两条非食物贫困线，中国采用的是非食物贫困线的下线，食物贫困线加上非食物贫困线即为贫困线。1995年农村贫困线为年人均纯收入530元，使用时间段为1996—1999年。

2000年国家统计局根据农村零售物价指数的变化调整了贫困线，确定低收入人口标准为年人均纯收入865元。即在上述食物贫困线的基础上，按低收入人口消费支出中60%是食物支出计算，并根据每年的农村CPI数据调整，使用时间段为2000—2007年。

2008年的绝对贫困线为年人均纯收入786元，786元至1067元为相对贫困人口(低收入人口)。

2009年实行人均纯收入1196元的“新扶贫标准”，1196元的扶贫新标准是在1067元的基础上根据2008年的物价指数进行调整后得到的，对农村低收入人口全面实施扶贫政策，使用时间段为2009—2010年。

2011年贫困线标准为年人均收入2300元(2010年不变价)，使用时间段为2011年至今。

我国设定了两个农村贫困线：绝对贫困线和相对贫困线，相对贫困人口指高于绝对贫困线但收入依然较低的人口，又称为低收入人口。我国早期的贫困线测度方法比较粗糙，划定贫困县时争议不断。② 城市贫困线的标准和确定方法也存在随意性，且难以实际操作。

(2)我国农村贫困标准与贫困线调整依据

国际经验表明，贫困是一个社会历史范畴，不能用不变的贫困标准和数量指标评定。贫困标准主要决定于社会、经济发展水平和社会传统。每一个国家都应有自己的贫困线，而且贫困线也应不断调整。

我国农村贫困线调整依据如下：

---

① 中国预防医学科学院推荐了日摄入热量2100大卡作为最低营养标准的食物清单，并以当时种类食物的平均价格计算出了食物清单的开支数量。非食物消费支出按60%的恩格尔系数折算。经测算1994年人均纯收入1996元是农村贫困线，但这一标准没有使用。

② 如测算的1994年人均纯收入1996元是农村贫困线，但这一标准没有使用。

构成贫困标准的基本因素是家庭收入和最小需求，涉及贫困家庭生存的地域环境、测定的时间与时机、当地价格和测量单位等变化，贫困线需要随之调整。消费结构变化、农村家庭物质、精神、政治、文化等需求结构变化、医疗、教育消费在非食品消费中的比例提高、区域间消费水平的差异、物价指数变动等影响购买力和消费水平，贫困线标准应调整。

《中国农村扶贫开发纲要(2011—2020年)》保持了原有农村贫困线的连续性和可比性，针对贫困人口"大分散、小聚集"的特点，将扶贫对象定为"贫困地区尚未解决温饱问题的贫困人口"，扶贫方式从"以县为单位转变为以乡村为单位、直接到户"，对根据贫困县确定的贫困线进行了调整。① 依据最低收入人口状况、相对贫困人口的收入水平和消费水平，提出新贫困线要防止脱贫人口返贫，要为贫困人口提供必要的"安全系数"。② 扶贫重点是提高贫困人群的生存和发展能力，重视贫困人口的非食品需求，增加教育、医疗、交通及社会服务支出。同时考虑可持续发展、全面小康和现代化三大指标体系。③《中共中央 国务院关于打赢脱贫攻坚战的决定》提出"到2020年，稳定实现农村贫困人口不愁吃、不愁穿，义务教育、基本医疗和住房安全有保障。实现贫困地区农民人均可支配收入增长幅度高于全国平均水平，基本公共服务主要领域指标接近全国平均水平。确保我国现行标准下农村贫困人口实现脱贫，贫困县全部摘帽，解决区域性整体贫困"。可见，贫困线需要及时调整。

3. 我国农村贫困人口数量与贫困发生率

(1)农村贫困人口数量与贫困发生率变化

农村贫困人口规模、贫困发生率因贫困线的调整而变化。按照不同的贫困线，我国(1978—2018年)农村贫困人口数量与贫困发生率如表2-3所示。

---

① 参照国际通行贫困线标准。世界银行根据33个发展中国家贫困状况的研究结果，提出了人均每日消费1美元的国际贫困标准。与国际贫困标准比较，我国农村贫困线为人均0.66美元。

② 如2003年我国农村贫困人口不但没有减少反而增加了80万，相当一部分原因在于前期制定的贫困线标准过低。贫困线标准过低，脱贫人口抵御风险能力不强，致使返贫率上升。

③ 侯震．我国现行农村贫困线问题研究[J]．黑河学刊，2007(1)．

表 2-3 **农村贫困状况(1978—2018年)** 单位：万人

年份	1978年标准		2008年标准		2010年标准		2015年标准	
	贫困人口	贫困发生率(%)	贫困人口	贫困发生率(%)	贫困人口	贫困发生率(%)	贫困人口	贫困发生率(%)
1978	25000.0	30.7						
1980	22000.0	26.8						
1981	15200.0	18.5						
1982	14500.0	17.5						
1983	13500.0	16.2						
1984	12800.0	15.1						
1985	12500.0	14.8						
1986	13100.0	15.5						
1987	12200.0	14.3						
1988	9600.0	11.1						
1989	10200.0	11.6						
1990	8500.0	9.4						
1991	9400.0	10.4						
1992	8000.0	8.8						
1994	7000.0	7.7						
1995	6540.0	7.1						
1997	4962.0	5.4						
1998	4210.0	4.6						
1999	3412.0	3.7						
2000	3209.0	3.5	9422	10.2				
2001	2927.0	3.2	9029	9.8				
2002	2820.0	3.0	8645	9.2				
2003	2900.0	3.1	8517	9.1				
2004	2610.0	2.8	7587	8.1				
2005	2365.0	2.5	6432	6.8				

续表

年份	1978 年标准		2008 年标准		2010 年标准		2015 年标准	
	贫困人口	贫困发生率(%)	贫困人口	贫困发生率(%)	贫困人口	贫困发生率(%)	贫困人口	贫困发生率(%)
2006	2148.0	2.3	5698	6.0				
2007	1479.0	1.6	4320	4.6				
2008			4007	4.2				
2009			3597	3.8				
2010			2688	2.8	16567	17.2		
2011					12238	12.7		
2012					9899	10.2		
2013					8249	8.5		
2014					7017	7.2		
2015					5575	5.7	5575	
2016							4335	
2017							3046	3.1
2018								1.7

注：表中数据根据 4 种不同贫困标准计算。1978—1999 年称为农村贫困标准。2000—2007 年称为农村绝对贫困标准。2008 年称为农村低收入标准。2009—2010 年称为农村贫困标准。2011 年的标准是农村扶贫标准。2014—2015 年的数据来源：2015 年我国贫困发生率从上年的 7.2%下降到 5.7%，http：//www.chyxx.com/data/201603/391007.html。2016 年的数据来源：中国贫困人口有多少 中国贫困人口数量统计 中国贫困人口标准，http：//www.chinairn.com/scfx/20180423/110719433.shtml。2017 年的数据来源：2017 年末我国农村贫困人口减少到 3046 万人，http：//www.sohu.com/a/220417164_115423。国家统计局住户调查办公室．中国农村贫困监测报告(2017)[M]．北京：中国统计出版社，2017.

由表 2-3 可知：1978 年按当年价现行农村贫困标准，农村居民贫困发生率为 97.5%，农村贫困人口规模 7.7 亿；2014 年农村贫困人口规模为 7017 万，贫困发生率为 7.2%。① 1978 年到 2007 年，按 2008 年以前的官方贫困线标准

① 改革开放以来中国农村贫困人口减少 7 亿，http：//news.youth.cn/gn/201510/t20151016_7215516.htm.

计算，农村贫困发生率也相应地从30.7%降低到1.6%。[①] 1978—2015年农村贫困人口减少7.15亿，贫困人口年均减少2647万人，贫困发生率下降91.8%。

2000年以前农村贫困人口减少3.1亿，占改革开放以来农村减贫人口总规模的44.0%；贫困发生率下降47.7%，贫困人口年均减少2.2%。

2001—2014年农村贫困人口减少3.9亿，占农村减贫人口总规模的56.0%；贫困发生率下降42.6%，贫困人口年均减少9.7%。1978年至2005年农村贫困发生率从30.7%下降到2.5%。[②] 2011年我国将贫困线调整为人均年纯收入2300元(2010年不变价)，贫困人口数量增长为1.6亿,[③] 当年农村贫困人口数量从2688万人增加到1.28亿人。截至2014年年底，我国仍有贫困线下人口7017万人。2015年再次把贫困线调整为人均年纯收入3200元，截至2015年，我国农村贫困人口数量为5575万，贫困发生率为5.7%。[④]

2017年末全国农村贫困人口3046万，贫困发生率为3.1%。[⑤]

2018年末全国农村贫困人口1660万，贫困发生率为1.7%。[⑥]

(2)主要省区市贫困人口及贫困发生率

我国贫困人口分布不均匀，不同经济发展条件使各省市区贫困人口数量分布各异，贫困程度与深度也各不相同。2016年主要省区市贫困人口及贫困发生率情况如表2-4所示。

---

① 国家统计局．中国农村贫困监测报告(2016)[M]．北京：中国统计出版社，2016.

② Shaohua Chen and Martin Ravallion. China is poorer than we thought, but noless successful in the fight on poverty[R]. World Bank Policy Research Paper, 2008(4621): 21.

③ 过去近30年中国农村贫困发生率从31%降至2.5%(中国发展研究基金会：《中国发展报告(2007)：在发展中消除贫困》), http://news.xinhuanet.com/newscenter/2007-09/26/content_6794912.htm。

④ 国家统计局2016年3月29日发布的《2015年国民经济和社会发展统计公报》显示，2015年农村贫困人口从上年的7017万人减少到5575万人，减少1442万人，贫困发生率从2014年的7.2%下降到5.7%。

⑤ 2017年年末我国农村贫困人口减少到3046万人，http://www.sohu.com/a/220417164_115423.

⑥ 2018年年末农村贫困发生率已降至1.7%，http://m.sohu.com/a/333193484_114988.

表 2-4　　主要省区市贫困人口及贫困发生率情况表(截至 2016 年底)

单位：万人

省区市	贫困人口	户籍人口	贫困发生率(%)
西藏	240.6	274.0	88%
青海	269.8	539.0	50
宁夏	280.9	588.0	48
贵州	1739.9	3904.0	45
云南	1897.0	4415.0	43
甘肃	1078.0	2619.0	41
四川	3198.0	8725.0	37
重庆	974.8	2771.0	35
河南	3250.0	9717.0	33
河北	2086.0	6808.0	31
新疆	586.8	1963.0	30
海南	232.3	818.0	28
山西	926.9	3335.0	28
陕西	968.6	3705.0	26
黑龙江	879.5	3816.8	23
内蒙古	590.1	2384.0	25
吉林	602.3	2708.5	23
天津	187.4	932.6	20
江西	745.4	4283.0	17
福建	549.8	3511.0	16
辽宁	690.9	4217.0	16
安徽	983.0	6461.0	15
广西	710.8	4889.0	15
湖北	868.9	6016	14

续表

省区市	贫困人口	户籍人口	贫困发生率(%)
湖南	730.7	6698	11
山东	786.2	9180	9
江苏	630.5	7432	8
广东	490.9	8304	6
北京	53.6	1162.9	5
浙江	190.5	4719	4
上海	0	1352	0

数据来源：2016 年年底国家统计局各省市区调查队汇总数据。

(3) 贫困人口数量与贫困发生率测算差异的原因

在收集的文献中，不同学者、不同机构对我国农村贫困人口及贫困发生率的测算结果差异很大。如关于 1995 年农村贫困程度的估计至少有 6 种，其中，国家统计局估计的当年农村贫困人口发生率为 7.1%，其他估计数从 8%到 28.8%不等。① 有学者计算 1981、1984、1987、1990、1993、1996、1999、2002、2005 年的农村贫困发生率分别为 98.1、92.2、83.7、87.9、86.4、68.8、69.2、61.4、42.3，均高于官方《中国农村住户调查年鉴(2007)》中公布的贫困发生率数据。② 按照原 1274 元的贫困线标准，农村贫困人口从 1978 年的 2.5 亿人减少到 2000 年的 3209 万人，2010 年农村贫困人口下降到 2688 万人。根据 2300 元的贫困线标准，2012 年贫困人口为 1.28 亿，农村贫困人口为 9899 万人。③④ 联合国发展计划署《2005 年中国千年发展目标报告》认为，2004 年中国贫困人口的估计数超过 1 亿人，高于同年国家统计局估计的 2610

① 2017 年的数据来源：2017 年年末我国农村贫困人口减少到 3046 万人，http://www.sohu.com/a/220417164_115423.

② 张全红，张建华．中国经济增长的减贫效果评估[J]．南方经济，2007(5).

③ 陈新，沈杨扬．新时期中国农村贫困状况与政府反贫困政策效果评估：以天津市农村为案例的分析[J]．南开经济研究，2014(3).

④ 陈飞，卢建词．收入增长与分配结构扭曲的农村减贫效应研究[J]．经济研究，2014(2).

万人。世界银行采用中国最新的人民币与美元的购买力评价数据和 1 天 1 美元的贫困标准，按收入计算 2007 年中国贫困人口为 1.35 亿人，按消费计算中国贫困人口为 2.04 亿人。①

原因主要是：

计算口径不同。世界银行从消费角度界定贫困，国内一些学者和机构从收入角度来界定贫困，国家统计局则采用收入和消费双重标准。

贫困线不同。贫困线的差异是导致不同贫困估计结果的主要原因。世界银行采用 1 天 1 美元的国际贫困标准，国家统计局则按我国的方法来测算贫困线，数值低于世界银行的国际贫困标准。国家统计局公布的贫困线是我国官方贫困线，是监测贫困变动和制定反贫困政策的主要依据。我国农村的贫困人口和低收入人口分布比较密集，贫困线的细微差距会导致对贫困人口数量估计的较大差异。

在相同的贫困线条件下，存在按照现行标准计算和按照过去标准计算的问题，也是造成评估结果差异的主要原因。② 国家统计局每年根据农村低收入居民生活消费价格指数对此标准进行更新。虽然农村贫困标准在不同年份的数值不同，但代表的生活水平基本相同。

4. 我国城市贫困线的设定方法

(1) 城市贫困人口

由于地区经济发展不平衡、城市社会保障体系不健全以及家庭和人力资本禀赋因素差异等，我国城市同样存在贫困人口，包括：无生活来源、无劳动能力又无法定赡养人、扶养人或者抚养人的居民；虽有法定赡养人、扶养人或者抚养人，但其法定赡养人、扶养人或者抚养人无赡养、扶养或者抚养能力的居民；领取失业救济金期间或者失业救济期满仍未能重新就业，家庭人均收入低于当地最低生活保障标准的居民；在职人员和下岗人员在领取工资或者最低工资、基本生活费后以及退休人员领取退休金后，其家庭人均收入仍低于当地最低生活保障标准的居民；农村流入城市，靠打短工为生，并且经常处于失业或

① 联合国发展计划署《2005 年中国千年发展目标报告》。

② 有学者计算了农村贫困人口状况，并与官方公布的结果进行了对比，结果表明农村实际贫困线和贫困程度要远远高于官方公布的数据。

半失业状态的外来务工人员。①

(2)城市居民最低生活保障制度

我国城市贫困线与农村贫困线的设计方法不同，贫困治理对象选择方法也不同。

城市贫困治理方式采用最低生活保障制度。城市居民最低生活保障是国家为了解决城市居民的生活困难而建立的一种社会救济制度，是我国目前经济条件下社会保障体系的重要内容。

城市居民最低生活保障标准称为城市居民最低生活保障线，是城市居民最低生活保障制度中最基本的内容，也是区别于传统社会救济制度的重要标志。各地经济发展水平不均衡，没有国家统一的最低生活保障标准。城市居民最低生活保障标准一般由各地人民政府自行确定。我国主要城市2013年低保标准变化情况如表2-5所示。

表2-5　　**我国主要城市低保标准变化情况表(2013年)**

城市	低保标准
北京	城市低保标准从家庭月人均500元上调为520元；全市农村低保最低标准从家庭月人均340元上调为380元
上海	城镇居民最低生活保障标准从每人每月505元调整为每人每月570元；农村居民最低生活保障标准从每人每年4320元调整为每人每年5160元
深圳	最低生活保障标准从每人每月510元调整至560元
广州	城镇低保标准由原来的415元/月/人提高到530元/月/人，农村低保标准由原来的300元/月提高到420元/月/人
合肥	城乡居民最低生活保障标准调整为户月人均410元；农村最低生活保障标准市定指导线为每人每年不低于1650元，从2013年1月1日起执行

保障标准由各地民政部门会同当地财政、统计、物价等部门制定，经当地人民政府批准后向社会公布，并且随着生活必需品的价格变化和人民生活水平的提高适时调整。2014年年末部分省区市城市平均最低生活保障标准情况如

① 2016年城市居民最低生活保障条例，http：//www.chashebao.com/shehuijiuzhu/16903.html.

表 2-6 所示。

表 2-6　**2014 年年末部分省区市城市平均最低生活保障标准情况表**

排　序	地　区	平均最低生活保障标准(元/月)
1	上海市	710.00
2	北京市	650.00
3	天津市	640.00
4	浙江省	573.30
5	江苏省	536.05
6	西藏	533.92
7	内蒙古	481.44
8	广东省	454.46
9	辽宁省	452.77
10	山东省	451.89
11	黑龙江省	446.84
12	河北省	431.90
13	安徽省	421.54
14	江西省	418.30
15	湖北省	410.97
16	福建省	404.37
17	贵州省	395.00
18	陕西省	388.50
19	山西省	383.67
20	海南省	379.58
21	吉林省	371.07
22	重庆市	369.00

数据来源：中华人民共和国国家统计局. 中国统计年鉴(2015). 北京：中国统计出版社，2015.

城市居民最低生活保障制度的政策框架依据最低生活保障标准制定。认定最低生活保障对象的资格，确定保障范围和保障人数，预算所需最低生活保障资金数量，最低生活保障工作的管理和运转，都以最低生活保障标准为依据。

《国务院办公厅关于进一步加强城市居民最低生活保障工作的通知》规定，城市居民最低生活保障制度的保障对象是家庭人均收入低于当地最低生活保障标准的、持有非农业户口的城市居民，主要对象是以下三类人员：无生活来源、无劳动能力、无法定赡养人或抚养人的居民；领取失业救济金期间或失业救济期满仍未重新就业，家庭人均收入低于最低生活保障标准的居民；在职人员和下岗人员在领取工资、基本生活费后以及退休人员领取退休金后，其家庭人均收入仍低于最低生活保障标准的居民。家庭成员收入是确定城市低保对象的关键。①

《城市居民最低生活保障条例》提出，城市居民最低生活保障制度是我国社会保障体系的重要组成部分，是从制度上保障城市贫困人口基本生活的重要途径。② 国有企业改革不断深化，国有企业下岗职工基本生活保障逐步向失业保险并轨，需要最低生活保障的人员会有所增加，迫切要求进一步加强城市居民最低生活保障工作，为城市贫困人口提供基本生活保障。目前，中国城市最低生活保障制度基本覆盖了全体城镇居民。

(3)城市贫困人口数量估算

由于无法找到官方对城市贫困居民人数的统计数据，本研究只能用领取最低生活保障金的城市贫困居民数量进行分析。但数据不包括未能纳入最低生活保障的贫困人口，因此城市贫困居民人数将超出目前纳入最低生活保障的人数。

根据《2006年民政事业发展统计报告》，1997年全国已领取最低生活保障金的城市贫困居民人数为87.9万人，1999年668个城市1638个县级人民政府所在地的建制镇已建立了最低生活保障制度。

1993年6月上海市建立城市最低生活保障。1995年4月，厦门、青岛、大连、福州、广州、无锡等6城市也建立了这一制度，年终发展为12个，1996年底发展为101个。1997年年底，全国建立城市居民最低生活保障制度

① 国务院关于进一步加强和改进最低生活保障工作的意见，http：//www.gov.cn/zwgk/2012-09/26/content_2233209.htm.

② 城市居民最低生活保障条例，http：//www.chashebao.com/shehuijiuzhu/16903.html.

的城市达334个，其中直辖市4个，计划单列市5个，其他地级以上城市160个，县级市165个，占全国城市总数的50%。1998年年底，全国668座城市中有584座城市、1683个有建制镇的县中有1035个县政府所在镇建立了城市居民最低生活保障制度，覆盖面分别为87%和63%。1999年6月底，全国660个城市、1505个县人民政府所在镇建立了城市居民最低生活保障制度，覆盖面分别达到99%和92%。2000年起，低保工作的重心开始由建立制度转移到规范和完善制度上来。2001年6月底，全国享受最低生活保障的人数为458万人；10月份，全国享受最低生活保障的人数为715万人；到年底，全国纳入低保范围的人数达1170万人。2001年城市最低生活保障制度的覆盖面和保障标准大幅度提高。

2002年1月底，全国12个省市区基本实现应保尽保，1235万城市贫困人口纳入了城市最低生活保障体系，占到1589万城市贫困总人口的78%。2002年7月实现了应保尽保。目前，全国所有城市和县级人民政府所在地的镇全部建立了城市居民最低生活保障制度。2002年共有2064.7万城镇居民、819万户低保家庭得到了最低生活保障，约占非农业人口的6%。其中：在职人员186.8万人，下岗人员554.5万人，退休人员90.1万人，失业人员358.3万人，上述人员家属783.1万人，“三无”人员91.9万人。低保对象主要集中在中西部地区、老工业基地和资源枯竭矿山较多的地区：辽宁、吉林、黑龙江、安徽、江西、河南、湖北、湖南、四川等省。

截至2018年6月底，全国共有城乡低保对象4833.9万人，平均城市低保标准达到563元/人月，农村低保标准达到4583元/人年，分别较上年同期增长7.5%、13.3%。① 具体数据如表2-7所示。

表2-7　**城市最低生活保障制度实施后的保障人数变化情况(1998—2018年)**

年份	1998	1999	2000	2001	2002	2003	2004	2005
保障人数(万人)	184.1	265.9	402.6	1170.7	2064.7	2205.0	2246.8	2234.2
年增长率(%)	109.4	44.4	51.4	190.8	76.4	6.7	1.8	0.0

① 全国平均城市低保标准563元/人月，农村4583元/人年，https://new.qq.com/omn/20180823/20180823A0KHU400；中国民政事业发展报告，http://www.china.com.cn/zhuanti2005/node_5360826.htm；中华人民共和国民政部.中国民政统计年鉴(2017)[M].北京：中国统计出版社，2017.

续表

年份	2006	2007	2008	2009	2010	2011	2012	2013
保障人数(万人)	2456.0	2546.7	2634.3	2654.7	2676.9	2689.1	2709.4	2890.7
年增长率(%)	9.0	3.6	3.4	7.0	8.0	4.0	0.7	0.7
年份	2014	2015	2016	2017	2018			
保障人数(万人)	2909.3	3006.5	3214.3	3461.6	4833.9			
年增长率(%)	3.3	3.3	6.9	7.6	39.6			

数据来源：2017年社会服务发展统计公报，http://www.mca.gov.cn/article/sj/tjgb/；中华人民共和国民政部. 中国民政统计年鉴2017(中国社会服务统计资料). 北京：中国统计出版社，2017；2018年的数据为上半年的城乡低保数据，包括农村最低生活保障制度实施后的保障人数。

5. 我国集中连片贫困区、贫困县、贫困村情况

(1)集中连片贫困区情况

根据《中国农村扶贫开发纲要(2001—2010年)》，我国集中连片贫困区有14个，共有7017万贫困人口，有592个国家扶贫开发重点县。包括六盘山区、秦巴山区、武陵山区、乌蒙山区、滇桂黔石漠化区、滇西边境山区、大兴安岭南麓山区、燕山-太行山区、吕梁山区、大别山区、罗霄山区等区域的连片特困地区和已明确实施特殊政策的西藏、四川藏区、新疆南疆三地州共14个地区。这些连片地区由于地理位置偏远，生态环境十分脆弱，教育水平落后等原因而脱贫困难。

根据《中国农村扶贫开发纲要(2011—2020年)》，按照"集中连片、突出重点、全国统筹、区划完整"的原则，以2007—2009年3年的人均县域国内生产总值、人均县域财政一般预算收入、县域农民人均纯收入等与贫困程度高度相关的指标为基本依据，考虑对革命老区、民族地区、边疆地区加大扶持力度的要求，国家在全国共划分了11个集中连片特殊困难地区，加上已明确实施特殊扶持政策的西藏、四省藏区、新疆南疆三地州，共14个片区，680个县。

(2)贫困县情况

1986年实施的"大规模扶贫计划"以1984年农村人口绝对贫困标准为依

据，按物价指数换算后划定贫困县以确定贫困规模和扶贫目标。[①] “国定贫困县”的标准是1985年农民年人均纯收入150元以下的县(老革命根据地县和少数民族县则为200元)，或1984—1986年3年平均人均纯收入低于300元的牧区旗(县)或低于200元的半牧区旗(县)，全国共确定331个“国定贫困县”。

1992年按照全县农业人口人均纯收入低于400元的标准，确定了832个国家扶贫开发工作重点县和连片特困地区县。1992年8000万贫困人口中有5700万生活在贫困县，占总贫困人口的71%。

1994年，国家制定《国家八七扶贫攻坚计划(1994—2000年)》，调整标准是“四进七出”，即1992年全县农业人口人均纯收入低于400元的县列入国家贫困县，1992年全县农业人口人均纯收入超过700元的县退出贫困县行列。

2000年全国3000万绝对贫困人口中，有约60%分布在国定贫困县，还有40%生活在非贫困县。[②]

2016年进入新世纪扶贫阶段，贫困线标准基本延续了八七扶贫攻坚阶段的标准，将“国定贫困县”改称为“国家扶贫工作重点县”。国务院扶贫开发领导小组办公室发布《国家扶贫开发工作重点县名单》确定了592个贫困县，其中，中部地区217县、西部地区375县。[③] 国家扶贫工作重点县分布情况如表2-8所示。

表2-8　　**国家扶贫工作重点县分布情况表(2016年)**

省区市	贫困县数量分布	省区市	贫困县数量分布
云南	73	湖北	25
贵州	50	江西	21
陕西	50	湖南	20
甘肃	43	安徽	19
河北	39	青海	15
四川	36	重庆	14
山西	35	黑龙江	14
河南	31	宁夏	8

① 学术界经常把1986年作为第一条农村贫困线制定的时间。

② “纲领”出台后学术界和实践界都在呼吁根据新的扶贫目标重新制定贫困线。

③ 国务院扶贫开发领导小组办公室，http://www.cpad.gov.cn/.

续表

省区市	贫困县数量分布	省区市	贫困县数量分布
内蒙古	31	吉林	8
广西	28	海南	5
新疆	27		

采用贫困线标准界定“国定贫困县”的方法有利于集中有限的扶贫资源，但贫困发生特点的变化使“县域瞄准机制”不适应我国农村贫困的新特点，其瞄准精度也受到了很多学者的质疑，而且国家级贫困县所覆盖的贫困人口比例在逐年下降。

(3)贫困村情况

2011 年绝对贫困人口分布点(14.8 万个贫困村)、片(特殊贫困片区，含城市)、线(沿边境贫困带)并存，贫困群体呈现大进大出的态势。2014 年我国有 12 万个贫困村，贫困群体主要生活在农村。

2.2 我国贫困群体对治理效果理解与诉求的数据采集与处理

1. 我国贫困群体对治理效果的理解与诉求

贫困群体对治理效果的理解与诉求可能与贫困治理者的理解有差异。由于本研究没有找到相关资料，只能按照调查结果来说明。

利益诉求“就是人们对待利益问题的一系列态度和行为的总和。”①利益诉求表达是社会成员基于一定的利益驱动，通过各种途径和形式向公共权力机关及其组成人员提出自己的利益要求，影响公共政策的制定和执行，从而使自己的利益得到保护和增进的活动。②

不同类型的贫困主体诉求有着不同的属性。在贫困治理过程中，分析不同

① 郝继明．和谐社会语境下农民群体利益诉求机制之构建[J]．湖北社会科学，2008(6)．

② 杜仕菊，王雅楠．我国农民非制度化利益表达的路径探索[J]．华东理工大学学报，2011(2)．

的贫困主体诉求有助于做到全面、精准地掌握贫困主体的情况，针对不同的诉求，采用不同的贫困治理措施，这是做到贫困治理的重要前提。

一般情况下，对贫困的认识主要是指物质生活困难，即一个人或一个家庭的生活水平达不到一种社会可接受的最低标准。他们缺乏某些必要的生活资料和服务，生活处于困难境地。物质生活困难是物质匮乏型贫困主体的典型特征，因而他们对支撑生活的物质诉求特别迫切，属于温饱尚未解决的类型。当然，他们也有对自身发展及精神方面的诉求，但远没有物质方面的诉求那么急迫。发展欠缺型贫困主体仅依靠自身现有的能力无法摆脱贫困，缺乏利用客观条件改变贫困面貌的能力。致贫的原因很多，但总的原因可以归结为内因和外因两种类型。外因主要是指客观方面的因素，包括地理环境、国家的支持力度、人口的素质等方面。参与缺位型贫困主体的主要表现是，缺乏对集体公共事务的参与，很少或者被动参与村集体的公共事务，由于以往一些贫困治理措施不是非常契合他们的需求，他们主动参与贫困治理的惯性缺失，总是被动参与到贫困治理过程当中，导致在贫困治理中没能主动参与进来，而是上级或者村委怎么安排就怎么做，或者对政府贫困治理措施采取应付的态度，完全是一种被动地参与贫困治理。因此，参与缺位型贫困主体的诉求是能够参与到贫困治理过程中发挥主观能动性。

为了了解贫困群体的诉求，为贫困治理找出工作目标定位，探讨贫困群体对贫困治理的满意度，本研究分别对贫困群体(农村和城市)在生存状况、社会分配状况、社会安全感和社会制度四个方面的满意情况进行调查，期望为提高贫困群体的社会满意度提供借鉴。

(1)农村贫困人口的诉求

农村贫困人口主要包括以下几部分人。首先是“老”“少”“边”“穷”地区的贫困农民。由于受到恶劣自然条件和其他因素的影响，这些地区还有不少农民深陷贫困之中。其次是因天灾人祸陷入贫困的农民家庭。在农村，农民享受不到大多数城市市民能享有的社会保障权，其生活保障以家庭自保为主，亲友互助为辅，因此，他们缺乏抵御天灾人祸的能力。最后，农村的孤寡老人、孤儿以及残疾人等。虽然国家规定，“一些在农村无劳动能力、无生活来源、无法定赡养人或抚养人的老年人、残疾人和未成年人，可以享受到五保户待遇，政府在吃、穿、住、医、葬方面给予生活和物质帮助”，但在实际操作中，由于农村经济财力制约，他们的生存状况一般都比较艰难。另外，失地农民是新生的贫困群体。改革开放以来，城市化的进程不断加速，由于城市空间的快速扩展，各地招商引资力度不断增大，各种工业园区大量兴建，直接导致大量的农村集体土地被征用，许多农民失去了赖以生存的土地。农民在失去土地后，虽然变成了城镇居民，但并没有享受到相应的社会保障等方面的待遇，导致不少人面临种地无田、就业无岗、低保无份的境遇。可以预见，随着城市化步伐的不断加快，这部分弱势群体还会增加，假如他们的利益要求得不到保障，受损利益得不到救济，就可能成为社会的巨大隐患。

农村贫困人口是一个弱势群体，其利益诉求能不能得到很好的表达，能不能得到足够的重视，对于整个国家来说是影响国家和社会稳定的重要因素，对于一个地区来说是影响地区经济社会发展、地区和谐和农村贫困人口幸福生活的重要因素。农村贫困人口的利益诉求能否得到很好的表达，能否得到足够的重视与尊重，对于农村贫困人口利益具有重要的意义。

农村贫困人口中能够积极主动地表达自己的利益诉求的，是那些文化水平比较高或者进城务工的农村贫困人口，他们整体权利意识比较强，当他们知道自己的正当权益受到损害的时候具有积极主动的维权意识，当他们感觉到不公正、不公平的时候就能够想到找人反映他们的不满情绪，表达他们的愿望和诉求。而文化水平比较低的一些老年人和妇女一般不会具有积极主动地表达诉求的欲望，或者具有表达诉求的欲望但不会付诸行动。

本研究对生活在农村的 55 位贫困人口的贫困治理满意度进行问卷调查。本次调查共发出问卷 55 份，回收 55 份，回收率 100%，有效份数 50，有效回收率 90.9%。具体调查问卷如附录所示。

①生存状况。问卷调查显示，66%的农村贫困人口认为就业较不容易和很不容易，20%的人认为就业比较容易或很容易。“看病贵、看病难”这一问题的调查结果显示，64%的人认为看病不难。看病不难说明医疗卫生事业的硬件设施比较充足。

②社会分配。问卷调查显示，20%的人认为贫富差距较大，并且“较小”与“很小”两个选项无人选择；有 54%的人认为自己的正当利益受到了很大的损害。可见大多数贫困人口认识到了当前社会贫富差距较大的现状。

③社会安全。问卷调查显示，农村贫困人口中只有少数人(16%)经常遭遇抢劫或偷盗，44%的人完全没有遭遇过，剩下 40%的曾偶尔遭遇；对于身边发生违法犯罪事件的概率，持经常发生观点的人占总人数的 8%，而多数人(64%)认为身边很少或较少发生违法犯罪事件；认为目前社会治安好的人占 64%，这说明社会治安状况比较好。可见贫困人口较少遇到抢劫或偷盗，身边发生违法犯罪事件的概率很小，认为目前社会治安状况良好，社会安全感比

较高。

④社会制度。问卷调查显示，22%的人感到司法较不公正。农村贫困人口对于教育制度的公平性基本上持肯定态度，但同时也有为数不少的人(28%)认为现在的教育制度多少是有些不公平的。农村贫困人口中只有2%的人对官员腐败非常不了解，剩下的绝大多数人对官员腐败有一定的了解，12%的人对官员腐败问题持较不满意态度。

农村贫困人口感觉到表达利益和解决问题的渠道不多，其中54%的人感觉渠道较少，26%的人感觉渠道很少。当这些贫困人口遇到无法解决的困难时，50%的人向亲友求助，只有12%的人向政府求助，剩下38%的人则忍着，而向社区或单位领导求助的则没有。当社会贫困人口想要表达利益、解决困难、寻求帮助时，政府和社区是很好的求助对象。除了忍着的人，大多数贫困人口求助于传统社会结构中的私人关系，如亲人、朋友这为丰富贫困人口的利益表达渠道提供了思路。

调查结果显示，66%的农村贫困人口认为就业不容易。乡村人口的减少与城市化进程有很大关系，在乡村从业人口增加的情况下，贫困人口依旧认为就业不容易，因为增加的就业岗位无法满足农村大量空闲劳动力的需求，就业竞争激烈；物价高和看病贵，使得贫困人口的生活成本上升，迫使其寻找工资更高的工作，所以会觉得就业难。可见，政府虽然采取了一些措施，但对就业难、物价高、看病贵的治理效果不佳，这其中，一方面要解决农村剩余劳动力的就业问题，另一方面是要减小农村贫困人口收入与支出的差距。

调查结果显示，村级组织是贫困治理主体与贫困主体相互作用的场域、相互联系的交集平台，各种主体都要通过村级组织这个平台来实现相应的绩效目标和发挥相应的功能效用。

农村贫困人口诉求表达的对象，是指农村贫困人口有了诉求之后，向谁表达诉求，谁是农村贫困人口最先想到的可以解决其矛盾、可以倾诉心声的最好的主体。根据调查，农村贫困人口在其认为自己的权益受到侵害或者与他人发生矛盾冲突的情形下，一般根据不同的诉求，选择以下组织或者个人作为其表达诉求的对象：一是村委会或者村干部。村委会作为农村贫困人口的自治组织，本来就是村民利益的代言人，应该是村民最为相信的组织。二是乡镇政府。作为国家最基层的政权机关，乡镇政府是农村贫困人口最方便接触的政府组织，乡镇政府也成为农村贫困人口表达诉求的重要对象。三是县市级信访部门或者各政府政协人大机关。很多农村贫困人口在因各种问题而其诉求在村委会或者乡镇政府解决不了的时候就会走向县市级的各类机关和信访部门寻求公正。四是法院。根据调查，法院在农村贫困人口表达诉求的对象方面虽然并不是农村贫困人口首先想到的，但对于有些诉求法院是农村贫困人口诉求表达的最后选择，比如离婚案件、一些民事纠纷的赔偿案件。

贫困主体的诉求必须通过一定的中间介质与贫困治理主体的帮助“相遇”，并且这种相遇是一种“两情相悦”式的，贫困主体的诉求与贫困治理主体的帮助能够达到完美契合，即需求方(贫困主体)与供给方(贫困治理主体)在贫困治理项目选择、实施贫困治理措施以及贫困治理效果期望等方面取得一致，最终实现脱贫。从村级组织的性质、结构和功能等方面来看，它具备这种中间介质的属性，能够为贫困主体与贫困治理主体提供一个“相遇”、耦合的平台。各种主体的作用发挥都要通过村级组织来实施，它是各种贫困治理因素的载体，也是在贫困治理的背景下转变乡村治理方式的重要抓手。

(2)城市贫困人口的诉求说明

本研究对生活在城市的21位城市贫困人口的社会不满程度进行问卷调查。本次调查共发出问卷21份，回收21份，回收率100%，有效份数19，有效回收率90.5%。具体调查问卷如附录所示。

失业人口在城市贫困人口中占主要部分。本研究面对的多数失业人口表示“不够用，但差不了很多”。从与全国其他城市低保标准的比较来看，武汉所执行的低保标准较低。而低保救助条件是低保政策的重要内容，救助条件直接关系到政策对象是谁，即谁拥有享受低保的资格，救助条件设定不当可能造成政策覆盖面过宽或过窄。享受城市居民最低生活保障的救助条件中最基础的条件为家庭人均月收入低于一个数额以下方可申请低保。对于以上的低保救助条件，调查对象表示低保是保障居民基本生活的，如果拥有高档电器等奢侈品就表明生活水平和质量较高，不该享受低保。

任何社会政策产生效用都离不开政策的执行主体，这些主体主要由政策执行机构以及政策执行人员构成，政策执行机构掌握着实施政策的方法、技术和资源，是联系政策与广大政策对象的桥梁。政策执行人员自身的素质、政策水平和管理能力的高低直接影响到政策任务的完成，他们可以积极主动地创造性地执行政策，使政策得以顺利实施也可能由于效率低下、工作被动而造成政策失误，甚至使政策夭折。在低保政策执行过程的评析中，首先要评析的就是低保政策的执行主体，即社区居委会和社区居委会低保专干。

调查结果显示，调查对象对其所在社区居委会执行低保政策的打分值最高为100分，最低66分，均值为78分，说明低保户对于社区居委会的整体评价是较好的。

从政策的具体效应来看，低保政策主要缓解了政策对象的食物、医疗以及子女教育负担。“领取低保金对您生活上最大的帮助是什么”一题显示，位居所有选项前三位的分别是“解决吃饭穿衣”“减轻医疗负担”“子女学费有着落”，低保政策对享保人的其他帮助有“有时间找稳定的、待遇稍好的工作”以及“改善了住房环境”。调查对象享受低保政策补贴的具体情况也与这一结论相吻合。城市低保政策改善了低保户的生活状况，且主要表现在基本生存、医疗及子女教育三大方面。

调查城市低保政策对享保人心理与社会权利产生的影响，可以有效地降低政策对受益者产生的负面影响。调查对象在领取低保金后，产生了“越来越觉得自己处于社会的底层”“觉得丢人”“觉得周围的邻居总对我指指点点”“与社区工作人员的关系不如以前，甚至产生敌对厌烦情绪”等心理反应，这直接导致了低保户自我封闭心理与行为的产生，使其将自我排斥在正常社区活动与人际关系网之外，不利于其社会融入。在参加日常社区活动时，除年龄和身体原因外，“没有时间”“担心被瞧不起”“不好意思参加”三项原因的占比较高，反映出低保户忙于生计，收入少和心理负担过重对其参与社区活动产生了消极影响。

武汉市城市居民最低生活保障政策的实施保障了城市贫困群体的基本生存，并以此为基础努力推动政策对象自身价值的实现，完成从“输血”到“造血”的转变。尽管如此通过与政策对象、社区低保干事的交谈以及实地的观察可以发现，无论是政策内容还是政策运行环境，低保政策仍存在某种程度的不足。低保户的各项需求反映出一个共性，即需求的满足都需建立在定期走访并及时全面掌握其生存状况的基础之上，突出城市贫困家庭的不同类型需要，不仅可以方便各项工作的开展，也能够为政策的调试与建议提供真实、基础的依据。

2. 贫困治理工作人员的职责说明

村级贫困治理工作人员的工作职责一般包括：

（1）宣传党和国家关于脱贫攻坚的方针政策，落实国家和省市县的贫困治理工作方针政策；

（2）做好贫困户建档立卡、动态调整、贫困治理手册填写等工作；及时准确上报各种数据、报表，确保质量和时效；更新完善村级贫困治理档案资料，提高村贫困治理工作室标准化程度；

(3)按照贫困治理精准脱贫的要求，做好脱贫攻坚十大工程具体实施情况汇统工作，确保全村“村出列、人脱贫”目标如期实现；

(4)深入调查研究，协助驻村工作队指导帮助贫困户选准贫困治理项目，因地因人施策；指导帮助贫困户以市场为导向，积极调整产业结构，开展多种经营，增加贫困户收入，实现稳定脱贫；

(5)认真执行国家和省市县贫困治理资金和贫困治理项目管理办法，协助做好贫困治理资金和贫困治理项目管理工作。

2.3 我国扶贫部门与实施者对治理效果评估标准理解的数据采集与处理

扶贫部门与实施者对治理效果评估标准理解按《国家八七扶贫攻坚计划(1994—2000年)》《中国农村扶贫开发纲要(2001—2010年)》《中国农村扶贫开发纲要(2011—2020年)》《中共中央　国务院关于打赢脱贫攻坚战的决定》的要求确定。

《中国农村扶贫开发纲要(2011—2020年)》《中共中央　国务院关于打赢脱贫攻坚战的决定》提出的目标是：到2020年，稳定实现农村贫困人口不愁吃、不愁穿，义务教育、基本医疗和住房安全有保障。实现贫困地区农民人均可支配收入增长幅度高于全国平均水平，基本公共服务主要领域指标接近全国平均水平。确保我国现行标准下农村贫困人口实现脱贫，贫困县全部摘帽，解决区域性整体贫困。

2.4 我国贫困治理方式演进的相关数据采集与处理

救济式扶贫和开发式扶贫是我国贫困治理的两种模式。

救济式扶贫是将扶贫资金直接发放给贫困农户。救济式贫困治理方式能在短期缓解贫困人口的生活困难，但对提升脱贫致富的能力作用较小，也称“输血”式扶贫。社会救济指国家和社会为保证每个公民享有基本生活权利，而对贫困者提供物质帮助。主要包括自然灾害救济、失业救济、孤寡病残救济和城乡困难户救济等。国家和社会以多种形式对由于自然灾害、意外事故和残疾等原因而无力维持基本生活的灾民、贫民提供救助，包括提供必要的生活资助、福利设施，急需的生产资料、劳务、技术、信息服务等。经济不发达地区，已由单纯维持贫困人口的最低生活水平，发展为以扶优、扶贫为重心，解决贫困人口温饱问题，开始由救济型向福利型转变；经济比较发达的地区，社会救济原有的社会功能逐步由社会保险所代替，如建立合作养老保险、合作医疗保险等。

开发式扶贫是利用贫困地区的自然资源，通过在生产、加工、销售等方面给予必要的政策、资金、技术和市场方面的支持，帮助贫困人口提高自我积累、自我发展的能力。开发式扶贫目前是我国政府扶贫政策的核心和基础，也称“造血”式扶贫。依靠矿产资源和特色农业的脱贫途径属于开发式扶贫。扶贫开发的主要形式：依托资源优势，按照市场需求，开发有竞争力的名特稀优产品。实行统一规划，组织千家万户连片发展，专业化生产，逐步形成一定规模的商品生产基地或区域性的支柱产业。坚持兴办贸工农一体化、产加销一条龙的扶贫经济实体，承包开发项目，外联市场，内联农户，为农民提供产前、产中、产后的系列化服务，带动群众脱贫致富。引导尚不具备办企业条件的贫困乡村，自愿互利，带资带劳，到投资环境较好的城镇和工业小区进行异地开发试点，兴办二、三产业。扩大贫困地区与发达地区的干部交流和经济技术合作。在优先解决群众温饱问题的同时，帮助贫困县兴办骨干企业，改变县级财政的困难状况，增强其自我发展能力。在发展公有制经济的同时，放手发展个体经济、私营经济和股份合作制经济。对贫困残疾人开展康复扶贫。

1. 我国农村贫困治理方式演进

我国农村贫困治理方式从按贫困人口平均分配资金向按项目效益分配资金转变，从单纯依靠行政系统向主要依靠经济组织转变，从资金单向输入向资金、技术、物资、培训相结合输入和配套服务转变。

1979—1985 年我国主要采用救济式贫困治理方式。

《国家八七扶贫攻坚计划(1994—2000 年)》是国务院制定和发布的关于全国扶贫开发工作的纲领。“八七”的含义是：对当时全国农村 8000 万贫困人口的温饱问题，力争用 7 年左右的时间(1994—2000 年)基本解决。该计划的公布实施标志着我国的扶贫开发进入攻坚阶段。《国家八七扶贫攻坚计划(1994—2000 年)》的总目标是：到 20 世纪末解决贫困人口温饱的标准：绝大多数贫困户年人均纯收入达到 500 元以上(按 1990 年的不变价格)。扶持贫困户创造稳定解决温饱的基础条件。具体要求目标是：有条件的地方，人均建成半亩到一亩稳产高产的基本农田；户均一亩林果园，或一亩经济作物；户均向乡镇企业或发达地区转移一个劳动力；户均一项养殖业，或其他家庭副业；牧区户均一个围栏草场，或一个“草库仓”；巩固和发展现有扶贫成果，减少返贫人口。基本解决人畜饮水困难；绝大多数贫困乡镇和有集贸市场、商品产地的地方通公路；消灭无电县，绝大多数贫困乡用上电。基本普及初等教育，积极扫除青壮年文盲；开展成人职业技术教育和技术培训，使大多数青壮年劳力掌握一到两门实用技术；改善医疗卫生条件，防治和减少地方病，预防残疾；严格实行计划生育，将人口自然增长率控制在国家规定的范围内。治理方式是：坚持开发式扶贫的方针，在国家扶持下，以市场需求为导向，依靠科技进步，开发利用当地资源，发展商品生产，脱贫致富。重点发展投资少、见效快、覆盖广、效益高、有助于直接解决群众温饱问题的种植业、养殖业和相关的加工业、运销业。积极发展能够充分发挥贫困地区资源优势、又能大量安排贫困户劳动力就业的资源开发型和劳动密集型的乡镇企业。通过土地有偿租用、转让使用权等方式，加快荒地、荒山、荒坡、荒滩、荒水的开发利用。有计划有组织地发展劳务输出，积极引导贫困地区劳动力合理、有序地转移。对极少数生存和发展条件特别困难的村庄和农户，实行开发式移民。

《中国农村扶贫开发纲要(2001—2010年)》的总目标是：我国已基本解决农村贫困人口温饱问题，贫困人口的分布正由集中连片向零星分散过渡，国家扶贫攻坚的重点随之由县域转向村庄和家庭。治理方式是：把发展种养业作为扶贫开发的重点，推进农业产业化经营，改善贫困地区的基本生产生活条件，加大科技扶贫力度，提高贫困地区群众的科技文化素质，扩大贫困地区劳务输出，推进自愿移民搬迁，多种所有制经济组织参与扶贫开发。具体做法是：2005年对592个国家扶贫开发工作重点县免征农(牧)业税，因减免农(牧)业税而减少的财政收入主要由中央财政安排专项转移支付予以补助。2005年起免除国家扶贫开发工作重点县农村义务教育阶段贫困家庭学生书本费、杂费，并补助寄宿学生生活费。

2007年，在全国农村建立最低生活保障制度，对农村贫困人口的基本生存问题做了兜底性的制度安排。2008年10月，实行新的扶贫标准，对低收入人口全面实施扶贫政策。2009年中国对农村低收入人口全面实施扶贫政策，取消将农村绝对贫困人口和低收入人口区别对待的政策。

《中国农村扶贫开发纲要(2011—2020年)》的目标任务是：到2020年，稳定实现扶贫对象不愁吃、不愁穿，保障其义务教育、基本医疗和住房。贫困地区农民人均纯收入增长幅度高于全国平均水平，基本公共服务主要领域指标接近全国平均水平，扭转发展差距扩大趋势。具体目标是：到2015年，贫困地区基本农田和农田水利设施有较大改善，保障人均基本口粮田。到2020年，农田基础设施建设水平明显提高。到2015年，力争实现1户1项增收项目。

到2020年，初步构建特色支柱产业体系。到2015年，贫困地区农村饮水安全问题基本得到解决。到2020年，农村饮水安全保障程度和自来水普及率进一步提高。到2015年，全面解决贫困地区无电行政村用电问题，大幅度减少西部偏远地区和民族地区无电人口数量。到2020年，全面解决无电人口用电问题。到2015年，提高贫困地区县城通二级及以上高等级公路比例，除西藏外，西部地区80%的建制村通沥青(水泥)路，稳步提高贫困地区农村客运班车通达率。到2020年，实现具备条件的建制村通沥青(水泥)路，推进村庄内道路硬化，实现村村通班车，全面提高农村公路服务水平和防灾抗灾能力。到2015年，完成农村困难家庭危房改造800万户。到2020年，贫困地区群众的居住条件得到显著改善。到2015年，贫困地区学前三年教育毛入园率有较大提高；巩固提高九年义务教育水平；高中阶段教育毛入学率达到80%；保持普通高中和中等职业学校招生规模大体相当；提高农村实用技术和劳动力转移培训水平；扫除青壮年文盲。到2020年，基本普及学前教育，义务教育水平进一步提高，普及高中阶段教育，加快发展远程继续教育和社区教育。到2015年，贫困地区县、乡、村三级医疗卫生服务网基本健全，县级医院的能力和水平明显提高，每个乡镇有1所政府举办的卫生院，每个行政村有卫生室；新型农村合作医疗参合率稳定在90%以上，门诊统筹全覆盖基本实现；逐步提高儿童重大疾病的保障水平，重大传染病和地方病得到有效控制；每个乡镇卫生院有1名全科医生。到2020年，贫困地区群众获得公共卫生和基本医疗服务更加均等。到2015年，基本建立广播影视公共服务体系，实现已通电20户以下自然村广播电视全覆盖，基本实现广播电视户户通，力争实现每个县拥有1家数字电影院，每个行政村每月放映1场数字电影；行政村基本通宽带，自然村和交通沿线通信信号基本覆盖。到2020年，健全完善广播影视公共服务体系，全面实现广播电视户户通；自然村基本实现通宽带；健全农村公共文化服务体系，基本实现每个国家扶贫开发工作重点县(以下简称重点县)有图书馆、文化馆，乡镇有综合文化站，行政村有文化活动室。以公共文化建设促进农村廉政文化建设。到2015年，农村最低生活保障制度、五保供养制度和临时救助制度进一步完善，实现新型农村社会养老保险制度全覆盖。到2020年，农村社会保障和服务水平进一步提升。到2015年，力争重点县人口自然增长率控制在8‰以内，妇女总和生育率在1.8左右。到2020年，重点县低生育水平持续稳定，逐步实现人口均衡发展。到2015年，贫困地区森林覆盖率比2010年年底增加1.5%。到2020年，森林覆盖率比2010年年底增加3.5%。扶贫对象是：在扶贫标准以下具备劳动能力的农村人口、连片特困地区、重点县和贫困村。治理方式是：提出专项扶贫的贫困治理方式，包括易地扶贫搬迁、整村推进、以工代赈、产业扶贫、就业促进、扶贫试点等。提出行业扶贫的贫困治理方式，包括明确部门职责、发展特色产业、开展科技扶贫、完善基础设施、发展教育文化事业、改善公共卫生和人口服务管理、完善社会保障制度、重视能源和生态环境建设等。提出社会扶贫的贫困治理方式，包括定点扶贫、协作扶贫、发挥军队和武警部队的作用、动员企业和社会各界参与扶贫等。同时开展贫困治理的国际交流合作。

《中共中央 国务院关于打赢脱贫攻坚战的决定》提出的目标是：到2020年，稳定实现农村贫困人口不愁吃、不愁穿，义务教育、基本医疗和住房安全有保障。实现贫困地区农民人均可支配收入增长幅度高于全国平均水平，基本公共服务主要领域指标接近全国平均水平。确保我国现行标准下农村贫困人口实现脱贫，贫困县全部摘帽，解决区域性整体贫困。治理方式是：提出实施精准扶贫方略，加快贫困人口精准脱贫。要求扶持对象精准、项目安排精准、资金使用精准、措施到户精准、因村派人精准、脱贫成效精准，抓好精准识别、建档立卡。对已经脱贫的农户，在一定时期内让其继续享受扶贫相关政策，避免出现边脱贫、边返贫现象。发展特色产业脱贫、引导劳务输出脱贫、实施易地搬迁脱贫、结合生态保护脱贫、加强教育脱贫、开展医疗保险和医疗救助脱贫、实行农村最低生活保障制度兜底脱贫、探索资产收益扶贫、加快交通、水利、电力建设、加大“互联网+”扶贫力度、加快农村危房改造和人居环境整治、支持革命老区、民族地区、边疆地区、连片特困地区脱贫攻坚。加大金融扶贫力度、完善扶贫开发用地政策、发挥科技、人才支撑作用、广泛动员全社会力量合力推进脱贫攻坚。同时，加强国际减贫领域交流合作。这一时期治理方式与前期的差异是：贫困县“摘帽不摘政策”、建档立卡贫困户孩子上高中、中职免学杂费、贫困人口全部纳入重特大疾病救助范围、加大“互联网+”扶贫、加大财政扶贫投入力度、国开行、农发行设立扶贫金融事业部。

《中共中央 国务院关于打赢脱贫攻坚战三年行动的指导意见》提出“完善脱贫攻坚考核监督评估机制，改进对省级党委和政府扶贫开发工作成效第三方评估方式，缩小范围，简化程序，精简内容，重点评估‘两不愁、三保障’实现情况，提高考核评估质量和水平。”①主要解决如何帮助特殊贫困群体，如何避免脱贫后又返贫，如何杜绝数字脱贫、虚假脱贫等问题。

① 中共中央 国务院关于打赢脱贫攻坚战三年行动的指导意见，http：//news.163.com/18/0819/22/DPJSRVAF000189FH.html.

2. 我国城市贫困治理方式演进

城市反贫困措施主要有：城市最低生活保障、救助管理站。

20世纪90年代初，中国开始探索建立城市最低生活保障制度。凡持有非农业户口且共同生活的家庭成员人均月收入和实际生活水平达不到117元的城市困难居民，不论其年龄、职业、健康状况、住所、单位性质如何，都应纳入城市最低生活保障范围。

2003年颁布实施了《城市生活无着的流浪乞讨人员救助管理办法》《城市生活无着的流浪乞讨人员救助管理办法实施细则》。具体情况如表2-9所示。

表2-9　**城市生活无着的流浪乞讨人员救助管理办法情况表**

救助对象	自身无力解决食宿，无亲友投靠，又不享受城市最低生活保障或者农村五保供养，正在城市流浪乞讨人员
救助形式	县级以上城市人民政府应当根据需要设立流浪乞讨人员救助站，要求公安机关和其他有关行政机关的工作人员在执行职务时发现流浪乞讨人员应当救助；对其中的残疾人、未成年人、老年人和行动不便的其他人员，应当引导、护送到救助站
救助内容	提供符合食品卫生要求的食物；提供符合基本条件的住处；对在站内突发急病的，及时送医院救治；帮助与其亲属或者所在单位联系；对没有交通费返回其住所地或者所在单位的，提供乘车凭证

2.5 我国贫困治理效果评估结论的数据采集与处理

1. 总体效果

1979—1985年我国主要采用救济式贫困治理方式。按1978年的贫困标准统计，农村贫困人口为2.5亿人，贫困发生率为30.7%，占世界贫困人口总数的1/4。而导致农村大范围贫困的主要原因在于“人民公社”体制造成农民生产积极性低下，已经不能适应生产力的发展需要，所以必须以新的制度来对贫困人口进行规范和扶持。家庭联产承包责任制改变了旧的经营管理体制，解放了农村生产力，缓解了农村的贫困问题。

1978—1985年，农村人均粮食产量增长14%，肉类增长87.8%，棉花增长73.9%，油料增长176.4%；农民人均纯收入增长了2.6倍；没有解决温饱的贫困人口从2.5亿人减少到1.25亿人，贫困发生率降为14.8%。贫困人口平均每年减少1786万人。

实施了《中国农村扶贫开发纲要(2001—2010年)》和《中国农村扶贫开发纲要(2011—2020年)》后的2015年年底，我国已有7亿多农村贫困人口脱贫，对全球减贫的贡献率超过70%，开创出具有中国特色的扶贫模式，创造了人类反贫困历史上的中国奇迹。2012年推行的精准扶贫战略，针对不同贫困区域环境、不同贫困农户状况，对扶贫对象实施精确识别、精确帮扶、精确管理，贫困地区的贫困状况显著改善。贫困地区贫困人口大幅下降。按照现行农村贫困标准测算，2014年贫困地区农村贫困人口4317万人，比2012年减少1722万人，平均每年贫困人口减少861万人；2014年贫困地区农村贫困发生率16.6%，比2012年下降6.6%；2014年贫困地区农村贫困人口占全国农村贫困人口的比重为61.5%，比2012年下降0.5%。3年来，贫困地区农村贫困人口减少规模占全国农村贫困人口减少规模的59.8%。贫困地区农村居民收支增长较快。2012—2014年贫困地区农村居民人均收入由4732元增长到6221元，年均名义增长14.7%，比全国农村居民平均水平快2.9%。贫困地区农村居民与全国农村居民的收入差距不断缩小，2012年贫困地区农村居民人均收入相当于全国农村居民人均收入的59.8%，2014年提高为62.9%，提高了3.1%。2012—2014年贫困地区农村居民消费支出由3887元增长到5185元，年均名义增长15.5%，比全国农村居民人均消费年均增速快3.4%。2012—2014年贫困地区农村居民人均消费支出增速比人均收入增速快0.8%。贫困地区农村居民生活条件不断提高，体现在居住条件不断改善、饮水质量不断提高、无厕所的农户比重明显下降、贫困地区农村基础设施不断改善等多个方面。2014年贫困地区农户住房建筑面积平均为126.8平方米。居住在钢筋混凝土结构住房的农户比重为10.8%，居住在砖混材料住房的农户比重为37.8%，居住在砖瓦砖木住房的农户比重为38.1%，居住在竹草土坯房的农户比重为6.6%，与2012年相比，居住在竹草土坯房的农户比重下降1.2%。2014年贫困地区饮水来源中，有33.1%的农户使用经过净化处理的自来水，有40.7%的农户使用受保护的井水和泉水。2014年贫困地区使用水冲厕所的农户比重为14.3%，使用卫生旱厕的农户比重为10.7%，使用普通旱厕的农户比重为72.2%，无厕所的比重为2.8%。与2012年相比，无厕所的农户比重下降了2.6%。2014年贫困地区通电的自然村比重为99.5%，比2012年提高1%；通电话的自然村比重为95.2%，比2012年提高1.9%；通有线电视的自然村比重为75%，比2012年提高6%；通宽带的自然村比重为48%，比2012年提高9.7%；通客运班车的自然村比重为42.7%，比2012年提高3.9%。2014年贫困地区行政村中，有文化活动室的比重为81.5%，比2012年提高7%；有卫生站的比重为94.1%，比2012年提高7.3%；拥有行医证医生的比重为90.9%，比2012年提高7.5%；有幼儿园或学前班的比重为54.7%，比2012年提高11.5%；有小学且就学便利的比重为61.4%，比2012年提高3.3%。

实施《中共中央 国务院关于打赢脱贫攻坚战的决定》提出的精准扶贫、精准脱贫基本方略后，有关全国31925个乡镇(其中乡11081个，镇20844个)，596450个村(其中556264个村委会，40186个涉农居委会)，317万个自然村，15万个新建的农村居民定居点的调查数据显示：

农民生活条件情况：2016年年末99.5%的农户拥有自己的住房，47.7%的农户使用经过净化处理的自来水，36.2%的农户使用水冲式卫生厕所。

农村基本公共服务情况：2016年年末96.8%的乡镇有图书馆、文化站，11.9%的乡镇有剧场、影剧院，16.6%的乡镇有体育场馆，70.6%的乡镇有公园及休闲健身广场。59.2%的村有体育健身场所。2016年年末96.5%的乡镇有幼儿园、托儿所，98.0%的乡镇有小学；32.3%的村有幼儿园、托儿所。2016年年末99.9%的乡镇有医疗卫生机构，98.4%的乡镇有执业(助理)医师，66.8%的乡镇有社会福利收养性单位。81.9%的村有卫生室。

农村基础设施情况：2016年年末在乡镇地域范围内，有火车站的乡镇占8.6%，有码头的占7.7%，有高速公路出入口的占21.5%；99.3%的村通公路。2016年年末全国99.7%的村通电，11.9%的村通天然气。25.1%的村有电子商务配送站点。2016年年末91.3%的乡镇集中或部分集中供水，90.8%的乡镇生活垃圾集中或部分集中处理。73.9%的村生活垃圾集中处理或部分集中处理，17.4%的村生活污水集中处理或部分集中处理，53.5%的村完成或部分完成改厕。

农业机械拥有量情况：2016年年末全国共有拖拉机2690万台，耕整机513万台，旋耕机825万台，播种机652万台，水稻插秧机68万台，联合收获机114万台，机动脱粒机1031万台。

土地利用情况：2016年年末耕地面积134921千公顷，实际经营的林地面积(不含未纳入生态公益林补偿面积的生态林防护林)203046千公顷，实际经营的牧草地(草场)面积224388千公顷(耕地面积使用原国土资源部数据)。

2. 贫困县脱贫摘帽情况

2017年中西部20个省区市125个贫困县申请脱贫摘帽，共有脱贫摘帽的县40个：四川省的北川羌族自治县、沐川县、嘉陵区、仪陇县、巴州区、汶川县、理县、茂县、马尔康市、泸定县10个县区市，江西省的瑞金市、万安县、永新县、广昌县、上饶县、横峰县6个县市，黑龙江省的甘南县、富裕县、饶河县、抚远市、望奎县5个县，湖南省的茶陵县、炎陵县、石门县、桂东县、中方县5个县，山西省的右玉县、吉县、中阳县3个县，河南省的新县、沈丘县、新蔡县3个县，重庆市的开州区、云阳县、巫山县3个县区，湖北省的红安县、神农架林区2个县区，内蒙古自治区林西县，安徽省岳西县，广西壮族自治区龙州县。40个县中，25个中部地区贫困县综合贫困发生率全部低于2%，15个西部地区贫困县全部低于3%，均符合退出条件。中部地区贫困发生率最高的山西吉县由2013年的31.7%降至2017年的0.32%，西部地区贫困发生率最高的广西龙州由31.79%降至1.91%，均明显低于全国平均水平。贫困县退出的主要衡量标准是贫困发生率中部地区降至2%以下，西部地区降至3%以下，脱贫人口稳定实现“两不愁三保障”。

与2016年相比，2017年脱贫摘帽的40个县呈现出四个新特点：“一是脱贫摘帽步伐加快，二是脱贫工作质量明显提高，三是贫困群众获得感更强，四是群众认可度更高。”抽查的脱贫户中，98%以上表示家庭生产生活条件明显改善或有所改善，93%以上表示家庭收入增加非常明显或比较明显，分别比2016年高3%和7%以上；40个县群众认可度全部超过90%，满意度最低的县在93%以上，比2016年高3%。

根据《中共中央办公厅 国务院办公厅印发〈关于建立贫困退出机制的意见〉的通知》和《国务院扶贫办关于印发〈贫困县退出专项评估检查实施办法（试行）〉的通知》精神，2019年宣布脱贫摘帽的贫困县共计283个。至此，全国已经有436个贫困县脱贫摘帽，贫困县摘帽进程过半。①

3. 不同省份的情况

全国各省份的贫困治理效果虽有差异，但整体效果明显。

以湖北省为例，2016年湖北省红安县、神农架林区2个县区实现贫困县

① 国务院扶贫办：今年已有283个贫困县宣布脱贫摘帽，https：//finance.sina.com.cn/china/gncj/2019-07-02/doc-ihytcerm0874576.shtml.

摘帽，已实现147万贫困人口脱贫，1601个贫困村出列，全省易地扶贫搬迁12.04万户、32.84万人，分别超出省下达年度计划任务的43%、24%。具体情况如表2-10，表2-11所示。

表2-10 **湖北省37个贫困县分布情况表**

国家级贫困县（25个）	恩施土家族苗族自治州(8个)：利川市、建始县、巴东县、恩施市、宣恩县、来凤县、咸丰县、鹤峰县 十堰市(6个)：郧西县、竹山县、竹溪县、郧阳区、房县、丹江口市 黄冈市(5个)：英山县、罗田县、麻城市、红安县、蕲春县 宜昌市(2个)：长阳县、秭归县 孝感市(2个)：孝昌县、大悟县 黄石市(1个)：阳新县 直辖单位(1个)：神农架林区
省级贫困县（4个）	宜昌市(1个)：五峰县 黄冈市(1个)：团风县 襄阳市(1个)：保康县 咸宁市(1个)：通山县
片区政策重点贫困县（8个）	襄阳(2个)：南漳县、谷城县 宜昌(2个)：兴山县、远安县 十堰(2个)：张湾区、茅箭区 咸宁(2个)：通城县、崇阳县

注：红安县、神农架林区已经摘帽(2018年8月18日)。

表2-11 **湖北省2016年脱贫情况表**

	2016年脱贫情况	资料来源
武汉市	77个贫困村	http://hb.ifeng.com/a/20160318/4380512_0.shtml
黄石市	脱贫3.8万人、89个重点贫困村,大冶市和开发区全面脱贫,阳新完成扶贫任务80%	http://www.hsdcw.com/html/2016-2-15/769749.htm
襄阳市	2016年全市减贫11万人,140个贫困村脱贫	http://gkml.hubei.gov.cn/auto5539/auto5542/201612/t20161212_927211.html

续表

	2016年脱贫情况	资料来源
荆州市	2016年底实现12.3766万人脱贫	http://www.jingzhou.gov.cn/z/zhuantizhuanlan/jzfp/fupinzhengce/2016-06-14/24832.html
宜昌市	贫困村实际出列88个，贫困人口销号127887人。2016年度贫困村出列情况为：宜都市4个，枝江市10个，当阳市12个，远安县10个，兴山县5个，秭归县23个，长阳土家族自治县11个，五峰土家族自治县6个，夷陵区7个	http://www.changyang.gov.cn/art/2017/2/7/art_5084_458853.html
十堰市	85个贫困村“出列”、减少农村贫困人口16.6万人	http://www.shiyan.gov.cn/sysgovinfo/szf/xxgkml/gmjjhshfzgh_7623/qygh_7626/201704/t20170427_1065236.shtml
孝感市	计划脱贫出列的179个建档立卡贫困村、9.1万建档立卡贫困人口	http://www.xgrb.cn/xgxw/2016-12-07/223972.html
荆门市	出列贫困人口60297人，贫困村75个，贫困乡镇1个 （其中钟祥市2016年脱贫计划：贫困人口出列16159，贫困村出列28个）	http://www.jingmen.gov.cn/govinfo/szf_xxgk/201605/t20160511_186790.shtml
鄂州市	60个贫困村分4批全部脱贫出列。其中：2016年出列45%，2017年出列30%，2018年出列20%，2019年出列5%。主要标准为：贫困村贫困户全部脱贫、贫困村居民人均可支配收入达到全市平均水平的70%以上；贫困村集体经济收入达到5万元以上；各项基础设施较为完善，生产生活条件显著改善；贫困村基本公共服务主要指标达到全市平均水平	http://www.ezhou.gov.cn/info/2015/C101672370.htm

续表

	2016年脱贫情况	资料来源
黄冈市	到2018年,通过实施“四个一批”,实现全市102.8万建档立卡贫困人口全部脱贫销号、892个贫困村全部脱贫出列、6个贫困县全部脱贫“摘帽”。具体目标任务为:黄州区脱贫;2017年,英山县、罗田县、团风县、红安县脱贫“摘帽”,黄梅县、武穴市脱贫;2018年,麻城市、蕲春县脱贫“摘帽”,浠水县脱贫	http://www.cnxishui.net/2015-11/11/cms98437article.shtml
咸宁市	贫困人口出列97578人,贫困村出列59个	http://www.xianning.gov.cn/xnsfpb/swjxxgk/wsgs/201701/t20170101_2543525.shtml
随州市	2016年:52个贫困村出列,2.12万户贫困户6万人脱贫	http://www.suiw.cn/article-101685-1.html
恩施土家族苗族自治州	2016年全州计划减贫26.15万人,将有257个村整体脱贫、9个乡镇脱贫出列	http://www.esfp.gov.cn/2016/0412/203046.shtml
潜江市	筹资2亿元,推进脱贫攻坚工程,完成2.2万人脱贫和29个贫困村出列	http://www.hbqj.gov.cn/gb2016/20160203/276.html
仙桃市	脱贫33637人	回眸2016年仙桃市精准扶贫精准脱贫攻坚历程——湖北省人民政府扶贫开发办公室 http://www.hbfp.gov.cn/jylj/30719.htm
天门市	36个贫困村出列,23374人脱贫	http://www.tianmen.gov.cn/root10/szbm/sfpb/201704/t20170405_395331.shtml
神农架林区	完成10个重点贫困村脱贫出列、1453户4254人建档立卡贫困人口脱贫销号任务。松柏镇红花朵村,木鱼镇青天村,阳日镇阳日村、朝阳村,红坪镇温水村,新华镇石屋头村,大九湖镇落羊河村,宋洛乡梨子坪村、西坡村,下谷坪乡板桥河村等10个重点贫困村的贫困户脱贫比例达到省定标准,村基础设施较为完善、生产生活条件显著改善,基本公共服务达到全省平均水平,符合出列条件	http://www.hbfp.gov.cn/jylj/22934.htm http://gkml.hubei.gov.cn/auto5539/auto5552/201705/t20170510_991754.html

2.6 我国贫困治理效果评估现状分析

1. 政府对贫困治理效果的评估现状

我国贫困治理效果评估一般由各级政府职能部门人员、贫困治理机构人员执行，也有部分金融机构、社会组织和 NGO 组织参加了评估，如表 2-12 所示。

表 2-12　**我国贫困治理主体结构表**

各级政府职能部门	贫困治理机构	其他机构	参加人员
中央政府职能部门	国务院扶贫开发领导小组	国家金融机构	乡级贫困治理专干、驻村工作队
省级政府职能部门	省扶贫开发领导小组	省级金融机构	贫困家庭或人口
市县级政府职能部门	市县扶贫开发领导小组	地方金融机构	NGO 组织、慈善组织人员

国家级的评估一般国务院扶贫开发领导小组统一协调，组织国内科研机构参与评估。如 2018 年 6 月 3 日至 30 日对第一批 40 个县开展实地评估检查即是由国务院扶贫开发领导小组统一组织的。根据《关于建立贫困退出机制的意见》,① 经公开招投标，国务院扶贫开发领导小组委托北京师范大学、中国农业大学、江西财经大学、中国社会科学院等 4 家机构牵头，组织 19 家参与机构、1400 多名调查评估人员，在 2018 年 6 月 3 日至 30 日对第一批 40 个县开展实地评估检查，共抽查行政村 1158 个，其中贫困村 755 个、非贫困村 403 个。实地调查农户 6. 3 万户，其中排查约 2 万户，问卷调查 4. 3 万户。为确保客观公正，此次评估检查建立“三公开三随机三回避”机制，公开贫困县退出条件、标准和程序，公开招投标遴选评估检查机构，公开评估检查结果；随机抽查行政村，随机抽取普查的村民小组，随机抽取调查的农户；第三方评估机构回避其所在省份的评估检查任务，评估专家回避其工作单位所在省份的评估

① 中办、国办发布《关于建立贫困退出机制的意见》，http：//www. scio. gov. cn/xwfbh/xwbfbh/wqfbh/33978/34517/zy34521/Document/1476865/1476865. htm.

检查任务，承担过省级评估检查的回避国家对该省的评估检查任务。①

省级的评估一般由省政府组织，主要由省社科院牵头完成，或以委托课题的形式由省属高校、科研机构完成。如湖北省对红安县、神农架林区组织的脱贫情况评估等。

市县级评估一般由政府职能部门统一协调，市县扶贫开发领导小组具体实施评估。

2. 学者们对贫困治理效果的评估现状(见本研究的综述部分)

学者们的研究属于学术探讨，其研究结果不一定被官方承认，但他们对评估理论和评估方法进行了探讨，对贫困治理效果评估也提供了有益的建议。

2.7 小结

贫困治理效果评估要实现与建档立卡的有机结合。建档立卡从经济、社会的多个维度对贫困人口以及贫困地区进行识别、登记和跟踪，建立相关数据信系统。既有助于评估主体或决策部门了解贫困地区的贫困状况和致贫原因，帮助建档贫困对象掌握自身脱贫发展情况和政府贫困治理的实施效果，也能够为评估工作提供所需基本数据，用来对贫困治理项目的瞄准绩效、减贫效果等进行监测，以此作为贫困治理项目评估的重要依据。

① 国务院扶贫办：我国中西部 40 个县实现脱贫摘帽，https：//news. qq. com/a/20180818/029295. htm.

3 理论研究之一：贫困识别与评估对象选择的理论分析

贫困治理效果评估包括贫困识别、贫困治理、贫困治理效果评估、政府专项贫困治理效果评估等。识别贫困者、确定贫困程度及其变化，需要选择衡量贫困程度的标准和度量方法。①

贫困识别和度量是把握贫困状况、认识贫困对象、理解贫困深度的关键，是基础性、前瞻性、战略性工作，是贫困治理效果评估研究的逻辑起点和关键环节。

识别“谁是贫困者”“谁来治理贫困”“谁来评估贫困治理效果”是贫困治理的首要问题，其次才是治理贫困、缓解贫困和效果评估。

3.1 贫困识别的理论与方法分析

1. 贫困定义、识别、分类和成因

识别贫困首先要明确贫困的定义。贫困包括物质生活、精神生活、政治生活三个方面的贫困，最低需求包括基本生理需要、维持有效率工作的营养水平、最低衣物及住所需要，基本服务、社会发展和环境需求、就业机会需求等。包含机会、能力、安全水平和权利等四个方面，并强调个人的生存和发展能力。

贫困指在一定环境(包括政治、经济、社会、文化、自然等)条件下，人们在长时期内无法获得足够的劳动收入来维持一种生理上要求的、社会文化可接受的、社会公认的基本生活水准的状态。贫困是较长时期内难以自我摆脱的状态，偶发性事件造成的暂时性贫困不在贫困的定义范围内。

① 20世纪60年代，缪尔达尔在《世界贫困的挑战：世界贫困治理大纲》一书中，首次提出“贫困治理”的概念。

学者们认为，可以从如下视角识别贫困：

（1）生物学视角。维持生存或有效率工作需要的生物学思想被用于定义贫困，即基本贫困指家庭总收入不足以获得维持体能所需要的最低数量生活必需品。① 贫困不仅是物质缺乏，权利和发言权缺乏才是贫困的核心。② 贫困是创造收入能力和机会的贫困，贫困意味着缺少获取和享有正常生活的能力。③ 贫困线标准中的最低需求是其核心概念，绝对贫困的最低生活标准为基点。绝对贫困建立在维持生存的基础上，维持生存就是延续生命的最低需求；低于维持生存的水平，就会遭受绝对贫困，因为贫困者没有足以延续生命的必需品。④ 根据《世界人口前景报告》的数据，1995—2020 年世界人口增长量为 18.36 亿，增长率为 32.4%，其中发展中国家增长率为 38.5%。到 2020 年，发展中国家 52%的人口将生活在城市，而这一数字在 1995 年为 38%，但发展中国家有 15%的人口处于营养不良状态。⑤ 根据德国“世界饥饿援助组织”2014 年公布的《2013 年全球各国饥饿指数排名报告》，世界范围内有 8.42 亿人口缺乏食物，56 个国家食物短缺现象严重。⑥

（2）不平等视角。某些人口、家庭、群体没有足够的资源去获取社会公认的食物、生活条件、舒适和参加社会活动机会即是贫困。⑦ 贫困问题的本质就是不平等问题。⑧ 净收入能力贫困指充分利用其成年人的智力和体力资本仍不能获得等于或大于贫困线的净年收入量，政策取向是提供各种平等就业机会、提高能力，而不是向贫困者提供现成物质需要。贫困是获取收入能力受到剥夺、机会的不平等，疾病、人力资本不足、社会保障系统的软弱无力、社会歧视等都是造成人们收入能力丧失的主要因素。⑨

---

① Rowntree, Seebohm. Poverty: a story of town life[M]. London: Macmillan, 1901.

② 迪帕·纳拉扬，拉伊·帕特尔，凯·萨福特，安妮·拉德马赫，萨拉·科克舒尔特[M]. 付岩梅，译. 谁倾听我们的声音. 北京：中国人民大学出版社，2001.

③ 阿玛蒂亚·森. 贫困与饥荒[M]. 王宇，王文玉，译. 北京：商务印书馆，2001.

④ Alcock, P. Understanding poverty[M]. London: Macmillan Pubcishers Ltd, 1993.

⑤ United Nations. World population prospect: the 1998 revision[R]. New York: UN, 1998.

⑥ “世界饥饿指数”由三个部分组成，包括营养不足的乡村人口所占人口比例、5 岁以下体重不足的儿童所占比例以及儿童死亡比例，因此是权威性的调查结果。

⑦ 世界银行. 1980 年世界发展报告[M]. 北京：中国财政经济出版社，1980.

⑧ Miller, S. M., Rein, M., Roby, P. and Cross, B. Poverty, inequality and conflict[J]. Annals of the American Academy of Political Science, 1967, 373(1): 16-52.

⑨ 李实. 阿玛蒂亚·森与他的主要经济学贡献[J]. 改革，1999(1).

(3)相对贫困视角。相对贫困指收入相对低于全国家庭收入平均数的状态。① 相对贫困是主观标准，建立在不同群体生活水平比较基础上，比较对象是处于相同社会经济环境下的其他群体，指虽然没有绝对贫困问题，但低于社会公认的基本生活水平，缺乏扩大社会再生产的能力或能力弱的状态。② 相对贫困包括对社会总体平均水平的测度。③ 贫困会受到社会消费水平、消费结构、消费偏好等因素的影响，相对贫困强调贫困的相对性、动态性、主观性和不平等性。但绝对贫困是内核，不必事先确认收入分配的相对性。在绝对贫困和相对贫困间存在“基本贫困”的状态，绝对贫困指不能维持生存，基本贫困指不能满足基本需要，相对贫困则为相对遗缺。④ 绝对贫困是内核，向外扩展第一波是基本贫困，第二波是相对贫困。⑤ 贫困是绝对概念也是相对概念。相对贫困用来度量贫困的程度和深度，涉及贫困人口比例，以及贫困人口内部的差别和不平等问题。⑥

(4)价值判断视角。贫困指家庭因不能合法地获得基本物质生活条件和参与基本社会活动的机会导致的不能维持个人生理和社会文化可以接受的生活状态。⑦ 贫困度量要根据社会传统来定义。⑧ 贫困是物质匮乏，是缺少维持基本生活的资料；贫困是精神贫困，是缺乏维持个人或家庭最低生活水准的能力。⑨ 贫困是部分社会成员被剥夺正常获得生活资料和参与经济和社会活动的权利，使生活持续性低于社会常规生活标准的状态。⑩ 贫困多被理解成为一维概念，仅指经济上的贫困。依据不同时期维持生计所需的最低收入或消费水平

---

① 雷诺兹．微观经济学[M]．北京：商务印书馆，1986.

② 童星，林闽纲．中国农村贫困线标准[J]．中国社会科学，1993(3).

③ 阿尔柯克．认识贫困[M]．London：Macmillan Publishers Ltd.，1993.

④ 魏津生．中国大城市贫困人口问题研究[M]//于学军，解振明．中国人口发展评论：回顾与展望．北京：中国人民大学出版社，2000.

⑤ 唐钧．中国城市居民贫困线研究[M]．上海：上海科学出版社，1994.

⑥ 绝对贫困(或生存贫困)属经济学、社会学、行为科学等多学科研究的领域，相对贫困属社会学研究的领域，但相对贫困的内涵和界定存在较大差异。

⑦ 康晓光．中国贫困与反贫困理论[M]．南宁：广西人民出版社，1995.

⑧ Hobsbawn. E. J，Poverty[M]//David L. Sills. International encyclopedia of the social science. New York：Macmillan and Free Press，1968.

⑨ 李实．阿玛蒂亚·森与他的主要经济学贡献[J]．改革，1999(1).

⑩ 魏津生．中国大城市贫困人口问题研究[M]//于学军，解振明．中国人口发展评论：回顾与展望. 北京：中国人民大学出版社，2000；关信平．中国城市贫困问题研究[M]．长沙：湖南人民出版社，1999.

即贫困线(阈值)，世界银行曾对33个发展中国家的贫困状况进行研究。

(5)福利视角。多维贫困测度需要采用综合福利指标来确定贫困线。① 贫困表现为福利的缺乏。福利是个多维概念，包括收入水平、公共产品供给、住房供给、扫盲和平均寿命等。② 一些福利的获得决定于收入水平，但另一些福利的享用与收入无关，将贫困视为多维概念要求对每个选中的福利变量分别确定相应的贫困线。当一个人的一个福利特征值低于相应贫困线时即认定为贫困人口，即多维贫困应被定义为一个人有某个福利特征值小于相应的阈值。

(6)政策视角。贫困指个人、家庭和群体的资源(物质、文化和社会)有限，以致被排除在可以接受的最低限度生活方式之外。政策视角强调公共政策的作用，为贫困治理政策设计提供了理论依据。③

(7)动态视角。贫困是多维的概念，可以从不同角度，用不同标准和不同指标来反映。衡量贫困状况的统计指标也不是唯一的。贫困治理效果评估的目标是达到长期、稳定的贫困缓解。贫困是动态、历史和地域的概念。动态贫困测度需要考虑时间、空间及思想观念的变化。贫困是演进的概念，不同制度、不同思想体系、不同学科的定义各异。将绝对贫困和相对贫困结合起来，将规范性陈述和描述性陈述结合起来才能更好地定义贫困。随着国际上对贫困本质及其决定因素的认识，贫困定义发生了很大变化。④

2. 贫困分类

学者们对贫困的分类进行研究后认为，贫困可以分为个人贫困、普遍性贫

---

① 如联合国开发计划署于1990年提出的人文发展指数、美国海外发展委员会于1975年提出的生活质量指数、埃斯特斯于1991年提出的社会进步指数等，都是从不同的角度来反映福利的指数。其中人文发展指数(HDI)由出生时的预期寿命、成人识字率、按购买力平价折算的实际人均国内生产总值三项指标合成。

② 由若干经济变量及其他福利变量合成的综合指标或指数确定贫困线，若仅拓展贫困的外延仍是一维概念。

③ 欧共体委员会. 官方贫困线和经济政策制度[C]//欧共体委员会. 福利国家论文集. 布鲁塞尔：欧共体委员会，1993.

④ 1990年的《世界发展报告》对传统的基于收入的贫困定义进行了扩充，加入了能力因素，即缺少达到最低生活水准的能力(健康、教育和营养等)；1997年的报告加入了脆弱性和无助性等。联合国开发计划署在1997年《人类发展报告》中提出了能力贫困指标，它主要包括三方面的内容：基本生存的能力(获取营养和健康的能力)；健康生育的能力；接受教育和获取知识的能力。

困和结构性贫困。[①] 依据贫困人口所属区域，贫困可以分为农村贫困和城镇贫困。[②] 贫困还可分为宏观贫困和微观贫困，宏观贫困指国家(地区或某个阶层)的贫困；微观指家庭或个人贫困。也可划分为生存贫困、生活贫困和发展贫困三种类型。按照影响生活质量的因素，贫困分为制度贫困、区域贫困、阶层贫困三种类型。区域贫困是制度背景相同但区域自然条件和社会发展存在差异造成的。阶层贫困是同一空间层面的群体或个人之间，身体素质、文化程度、生产资料、家庭劳动以及社会关系方面的缺失造成获取资源能力下降所造成的贫困。[③] 贫困依据农村发展基础差、发展能力低、发展权利不足、发展机会少，可分为环境约束型贫困、能力约束型贫困、权利约束型贫困。环境约束型贫困是地区发展受到恶劣环境的限制而导致的贫困，能力约束型贫困是贫困地区或个人的发展能力低下而导致的贫困，权利约束型贫困是体制问题造成的贫困。[④] 个人贫困、普遍性贫困、结构性贫困，农村贫困、城镇贫困的贫困成因、贫困主体、贫困特征各异。

3. 贫困成因

贫困成因可归纳为经济学根源和社会学根源。经济学根源包括主体不发育论、人的素质论、供体不平等论、社会分配论、资本缺乏论、政府行为论、制度短缺论、载体不完善论、自然环境决定论、人口论、经济发展梯度论、低水平均衡陷阱理论、不平衡增长理论等。社会学根源包括社会福利和就业制度、贫困的代际传递和多元化丧失、责备受害者、贫穷的文化、科技落后论、阶级划分论、社会封闭论。

贫困与所处的生存环境密切相关。如自然缺陷(深山区、高寒干旱地区、边远地区、土地贫瘠地区、气象灾害高发区等)、经济的结构性失调、文化教育落后、社会基础设施缺乏等。政治和政策的不平等也是贫困的根源。贫困循环陷阱理论涉及资本供给与需求，认为资本缺乏是贫困的根源。资本缺乏是限制贫困地区经济增长的关键，与人力资本匮乏相比土地缺乏并不是贫困的最主

---

① 王维红，赵晓康. 论“贫困”统计指标体系的构建[J]. 上海统计，2002(1).

② 农村贫困是由于农村生产力水平、自然环境、农民的个人技能、收入水平造成的。农村贫困的主体是农民，而且是群体性的，经常出现贫困村、贫困县。城镇贫困是由于个人技能水平、分配体制造成的。城镇贫困的主体是下岗失业人员、外出务工人员、伤残人员。城镇贫困是部分人的贫困，但其贫困感更强烈。

③ 秦建军，武拉平. 财政支农投入的农村减贫效应研究[J]. 财贸研究，2011(3).

④ 黄承伟. 中国扶贫行动[M]. 北京：五洲传播出版社，2015.

要原因，人力资本匮乏是根本原因。低水平均衡陷阱理论涉及人均资本、人口增长、产出增长因素，认为人均收入增长将被人口增长抵消，最终导致低水平的“均衡贫困陷阱”。不平衡增长理论认为，发达地区经济发展、经济增长是主导产业发展带动下的非均衡式发展模式，发展中国家治理贫困主要关注主导产业并诱发其他部门产业的发展。人口贫困的关键是能力的缺失，而不仅是收入水平的低下，应从土地、教育、权利关系等方面改变贫困状况，要增加对贫困人口的教育投入、提高生产要素的转化率。

农村的相对贫困成因包括自然、经济、政治、文化方面，如小生产下农业过低的生产效率、劳动力过剩、人口受教育程度过低、人力资本缺乏、制度性障碍等，这说明了贫困根源的复杂性和综合性。中国的经济高速发展提高了农民收入，降低了贫困程度，但加大了收入差距，因此经济增长被认为是减少贫困的必要非充分条件。

4. 贫困线、贫困标准与贫困度量

贫困线可说明贫困广度、深度和强度，是贫困治理方式选择的基础，决定了贫困治理效果评价体系的设计。不同国家、不同发展阶段会设定不同的贫困线，存在不同的贫困表现形式、测度手段、度量标准和指标体系。由于贫困治理方式不同，无法用一个标准去描述有差异的贫困，也无法采用统一的战略与方式解决贫困问题。只有进行有差异的分析，才能进行科学的贫困治理效果评价。

贫困线能综合反映相对贫困与绝对贫困，绝对贫困根据最低生活标准来确定，采用相对贫困测量贫困线需要将相对贫困和绝对贫困结合起来而不能单独使用。① 贫困线随居民的收入和人均 GDP 的增长而提高，同时考虑区域经济状态和国际标准。② 贫困线反映居民贫困的现状、变化趋势，反映贫困状态与过程贫困，且要符合国际标准。③ 贫困线应可操作，模型数据收集、整理、计算要简便。有学者把贫困线设计为三条，即生存线、温饱线和发展线。贫困线的主要功能是：能准确确定贫困群体，为贫困人口提供直接援助；能评价贫困治理对贫困的影响、效果和作用；能分析贫困成因，归结贫困类型，为治理贫困提供依据；能衡量不同时期贫困的动态变化、预测贫困趋势，寻求有效的治

---

① 姚金海．基于 ELES 方法的贫困线测量[J]．统计与决策，2007(6)．

② 祝梅娟．贫困线测算方法的最优选择[J]．经济问题探索，2003(6)．

③ 度量过程贫困比较困难，度量过程贫困已经成为贫困研究的重要内容。

理贫困途径。

贫困标准或贫困线是衡量个人、家庭或某一地区贫困与否的界定标志或测定体系。贫困度量要同时考虑绝对贫困(absolute poverty)和相对贫困(relative poverty or normative poverty)两项指标。[①] 绝对贫困度量通过贫困线(poverty line)来界定。贫困度量分为对个人贫困、地区贫困和群体贫困的测度，是对贫困程度、深度的测度。主要工具是贫困标准或贫困线。贫困度量与标准要采用经济学、统计学、伦理学、社会学等方法构造指标体系，且实际度量时要加以修正。贫困度量目标是识别贫困者的范畴。贫困发生率又称为绝对贫困指数，是贫困人口与全部人口之比。贫困缺口率又称为相对贫困指数，是每个贫困人口的纯收入与贫困线差距的总和与达到贫困线收入的总和的比率。贫困线下人口数是测度贫困群体的标准；生活质量指数由一系列客观指标和主观指标加权构成。经济增长的贫困缓解弹性系数表述经济增长与贫困人口变化减少的弹性。

5. 贫困线相关理论研究

测度贫困线一般的方法是：直接方法类(消费组合是否满足基本需要)、收入方法类(满足基本需要的最低收入)、社会选择方法类、权利分析法类。[②] 现有贫困线的具体度量方法要么是理论性较强但缺乏实践基础，要么是受制于模型选择的主观性制约而具有不稳定性或不可比性。其他常用方法还有：标准预算法(又称基本需求法、市场菜篮法)、[③] 国际贫困标准法(又称收入比例法)、[④] 扩展性线性开支法(又称数学模型法)、恩格尔系数法、[⑤] 马丁法、收入等分定义法、因子分析法、商品相对不足法、编制贫困指数法、标准预算

---

① 又称绝对剥夺(absolute deprivation)和相对剥夺(relative deprivation)。

② 直接方法在面对贫困识别指标具有模糊性时(如伦理评价)，可以增加评估结果的可靠性。收入方法是通过收入说明满足最低需要的能力，是在对贫困群体不能直接测度时的补充手段，是按照社会典型的消费方式识别没有能力满足最低需要的群体，收入差距可以说明偏离“贫困线”的程度。主流经济学将收入作为贫困度量的视角并形成了系列科学的测度方法。社会选择法认为贫困是商品获得权利缺失，并引入权利分析来识别贫困群体。权利分析法关注商品的转化能力，而权利关系是转化能力的重要组成部分。

③ Townsend, P. The international analysis of poverty[M]. New York: Harvester Wheat Sheaf, 1993.

④ World Bank. Poverty and social impact analysis of reform: lessons and examples from implementation[R]. Washington: World Bank, 2009.

⑤ 莫泰基. 香港贫穷与社会保障[M]. 香港：中华书局，1993.

法、收入替代法、剥夺指针法、混合贫困线法、① 调整基期贫困线法、生活形态法、② "生存线、温饱线和脱贫线"划定方法、③ 特困线(活命线)、温饱线(贫穷线)、发展线(脱贫线)划定方法。④

(1)标准预算法

这一方法又称基本需求法、市场菜篮法，认为贫困是家庭可支配收入不足以支付家庭人口基本生存需要的状态。确定满足基本生存需要的食物清单，根据最小必需营养和最小成本标准确定最小食物费用，加上生存必需的衣着、住房和燃料的费用确定。⑤

实际计算时，首先确定基本消费品清单，包括社会公认的基本生活水准和必需品的种类和数量，然后根据不同地区市场价格计算需要的收入，得到不同地区的贫困线，即基本生存标准。

基本模型如下：

$$P_s = (1 + B)P_iQ_i$$

其中：P_s 表示贫困线；

Q_i 表示各类基本消费品的数量；

P_i 表示各类基本消费品的市场价格；

B 表示考虑到价格波动、消费浪费等因素的调整系数。

标准预算法透明且易于理解，但实际计算时由于消费清单难以确定、价格变化等原因不易操作。

(2)国际贫困标准法

此法又称收入比例法，以一个国家或地区中等收入或社会中位收入的

---

① Zheng B. Statistical inference for poverty measures with relative poverty lines[J]. Journal of Econometrics, 2001, 101(2).

② Townsend, P. The international analysis of poverty[M]. New York: Harvester Wheat Sheaf, 1993.

③ 唐钧．确定中国城镇贫困线方法的探讨[J]．社会学研究，1997(2).

④ 童星，林闽钢．我国农村贫困标准线研究[J]．中国社会科学，1993(3).

⑤ Rosenberg, R. Aid effectiveness in microfinance: evaluating microcredit projects of the World Bank and the United Nations Development Programme[R]. Washington: Consultative Group to Assist the Poor, 2006.

50%~60%作为这个国家或地区的贫困线。① 此方法简明易操作、易于进行国际比较，但50%~60%的比例不一定适合发展中国家。

(3)扩展线性支出系统模型法

扩展线性支出系统模型法(ELES)又称数学模型法，采用开支来反映需求量，假设消费开支是收入和价格的函数，并将消费需求分为基本需求和个人偏好选择的超额需求。每个人对同一商品的需求不同但维持最低生活标准的基本需求相同。此法计算出的基本消费需求的货币形式即贫困线。② 基本模型如下：

$$P_iQ_i = R_iP_i + b_i\left(I - \sum_{j=1}^{n} P_jR_j\right)$$

其中：P_i 表示第 i 种商品的价格；

Q_i 表示第 i 种商品的需求量(由基本需求量和非基本需求量组成)；

R_i 表示对第 i 种商品或服务的基本需求量；

I 表示收入；

b_i 表示第 i 种商品或服务的边际消费倾向，满足 $0 \leqslant b_i \leqslant 1$，且 $0 \leqslant \sum_{i=1}^{n} b_i \leqslant 1$。

以货币形式表示的贫困线(P_l)为：

$$P_l = \sum_{j=1}^{n} P_jR_j$$

设 $a_i = R_iP_i - b_i\sum_{j=1}^{n} P_jR_j$；$y_i = Q_iP_i$；$y_i = a_i + b_i$

采用最小二乘法可以求出 a_i 和 b_i 的估计值，得出贫困线为：

$$R_iP_i = a_i - b_i\sum_{j=1}^{n} P_jR_j$$

$$\sum_{i=1}^{n} a_i = \sum_{i=1}^{n} R_iP_i - \sum_{i=1}^{n} b_in\sum_{j=1}^{n} P_jR_j = \sum_{i=1}^{n} R_iP_i\left(1 - \sum_{i=1}^{n} b_i\right)$$

---

① 由国际经济合作与发展组织(OECD)提出，采用的是收入比例法。

② 扩展线性支出系统模型法是在英国计量经济学家 R. Stone1954 年提出的线性支出系统(LES)基础上修改而成的，由经济学家 Liuch 于 1973 年提出。

分析可得：

$$P_l = \sum_{j=1}^{n} P_j R_j = \sum_{i=1}^{n} a_i \bigg/ \left(1 - \sum_{i=1}^{n} b_i\right)$$

(4)恩格尔系数法

恩格尔系数法根据家庭最低食物开支占比，分别确定贫困家庭和非贫困家庭的恩格尔系数，然后用最低食物开支除以家庭恩格尔系数求得贫困线。

国际上用恩格尔系数来衡量贫困程度的标准有两种：

(1)联合国粮农组织标准：恩格尔系数大于60%为赤贫；0~59%为温饱；40%~49%为小康；30%~39%为比较富裕；20%~29%为富裕；小于20%为非常富裕。

(2)奥珊斯基标准：认为恩格尔系数60%以上表示贫困，50%~60%表示温饱，40%~50%表示小康，20%~40%表示富裕，20%以下表示最富裕。①

恩格尔系数法为许多国家和国际组织采用，但仅适用于解释绝对贫困不能解释相对贫困，由此得出的贫困标准偏低。设定恩格尔系数60%为贫困线不一定适合所有国家，如食物收入比率差异有可能是饮食偏好引发的。

(5)马丁法

马丁法计算的贫困线包括食物贫困线和非食物贫困线。② 马丁法计算的贫困线是绝对贫困线，适合发展中国家。

①食物贫困线的测算法。食物贫困线指个人的基本食物开支(在我国即维持个人基本生存的2100大卡能量摄入的食物开支)。③ 同样的能量摄入可以有许多食物组合，需要根据当地的饮食习惯和价格选择最经济的食物组合。食物

① 1965年欧珊斯基(Orshansky)在朗特里(Rowntree)研究的基础上建立了美国的贫困线。Orshansky M. Counting the poor: another look at the poverty profile[J]. Social Security Bulletin, 1965(28).

② Martin Ravallion. Poverty comparisions[M]. Langhorne: Harwood Academic Publishers, 1993。1995年以来，中国农村贫困线的设立是按照马丁法进行的。

③ 我国居民维持正常生活的热量日摄入量应为2400大卡，其最低限度应为2000大卡，考虑到农村居民主要从事体力劳动的实际情况，选2100大卡作为最低热量摄入量比较合适。

组合根据低收入群体消费方式确定，并根据家庭消费调查数据形成列表。① 具体计算时，以日摄入热量2100千卡作为必需营养标准，根据住户抽样调查数据，计算农村人口(或城市人口)维持生存必需营养标准的实际食物消费结构，即平均食物消费清单，然后根据贫困家庭的消费价格(或市场价格)计算出最低食物费用开支，即食物贫困线。

②非食物贫困线的测算法。第一种方法：确定消费总量刚达到食物贫困线家庭的非食物消费，即能够达到食物营养要求家庭的非食物商品需求。第二种方法：按照确定食物贫困线方法来选择非食物商品组合，以及不同地区、城乡的价格计算。但2100大卡是食物消费的基本尺度，而基本非食物消费却没有基本尺度，且很难在不同地区间选择不同的基本非食物商品来达到相同的生活水平。当前公认的方法是：引入非食物线，表示人们愿意放弃基本食物而获得的商品，即人们愿意将多少基本食物消费转移到非食物消费上。因为消费开支低于基本食物消费要求的家庭也会消费非食物商品，会发生基本食物消费开支向非食物商品开支的转移。

图3-1说明了计算贫困线中的非食物开支部分的方法。

图中*OA*表示基本食物需求量，射线*OCEK*是45°线，曲线*ODFJ*表示食物开支。

情形一：*OB*表示满足基本食物消费的开支，此时家庭减少*CD*的食物消费，增加*BD*的非食物消费。总开支为*OB*，这是理论情形。

情形二：家庭食物消费为*FH*，非食物消费为*EF*，基本食物消费减少量为*FG*，非食物开支增加为*EG*。总开支为*OH*。这是贫困线的下限。

情形三：达到食物贫困线的家庭需要再计算非食物消费开支。此时食物消费量为*JI*等于*OA*，非食物消费为*JK*，总开支为*OI*。这是贫困线的上限。

分析可知：

(1)贫困线下限(*OH*)由食物贫困线(*OB*)加上那些刚达到*OB*的家庭非食物消费开支。

---

① 一种可能的方法是在给定的价格下，寻求那些能达到食物能量摄入的最便宜的食物组合。但考虑到不同地区的饮食习惯，不能采用那些与饮食习惯相违背的食物组合。在现行价格下，达到营养需求的最小花费的食物贫困线所决定的食物，可能都不是贫困者所能够接受的，因而是不恰当的。

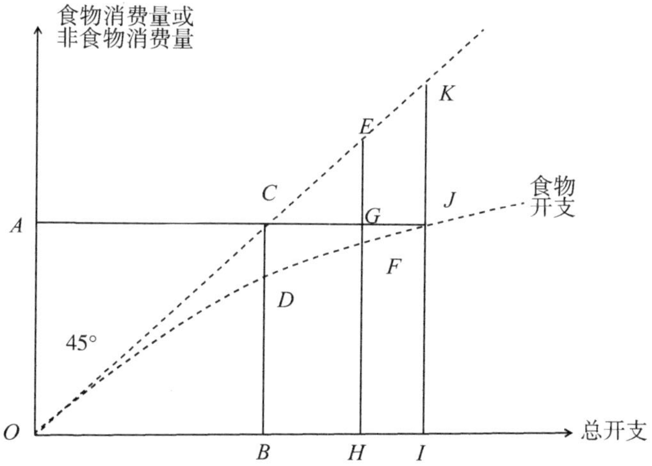

图 3-1 计算贫困线中的非食物开支部分示意图

(2)贫困线上限(OI)是实际达到食物贫困线(OB)的家庭的总体消费开支。①

基本模型如下:

$$s = a + b\ln(\mu/x_1) + \varepsilon$$

其中:s 表示食物开支占总消费开支的比重;

μ 表示居民住户的人均生活费开支;

x_1 表示食物贫困线;

ε 表示随机误差项;

a 为截距,表示人均消费开支刚好等于食物贫困线的食物开支占总消费开支的比重;

b 表示考虑到价格波动、消费浪费等因素的调整系数。

马丁法给出了两条贫困线,低贫困线包含非食物消费的最低开支(典型的总开支刚达到食物需求的人的非食物消费开支),高贫困线给出了更高的值

① 1990 年,国家统计局利用食物份额法即恩格尔系数法确定了农村贫困线,其中食物贫困线的确定方法与"马丁法"相同,假定贫困人口生活消费支出中 60%应是食物支出。按此计算的 1990 年贫困线为 300 元。1995 年以来开始利用"马丁法"测算农村贫困线,1995 年农村贫困线为 530 元。从 2000 年开始,国家统计局农调总队根据国家扶贫规定制定了低收入人口标准,基本方法是在上述食物贫困线的基础上,按低收入人口消费支出中 60%应是食物支出的比例计算。2000 年,低收入人口标准为 865 元。在不测算贫困线和低收入线的年份利用农村 CPI 进行调整。

(典型的食物开支刚达到食物贫困线的非食物开支)。马丁法在具体计算时，由于不同人群的生活水平存在着差异，需要通过家庭收支调查数据来进行回归分析。在已知食物贫困线基础上，利用回归模型计算出那些没有能力满足必需营养需求标准的家庭最低非食物开支，可得到绝对贫困人口的最低非食物贫困线。

1993年国家统计局确定的贫困线和贫困县标准是生活支出分为食物消费和非食物消费(衣着、住房、交通、燃料、医疗、教育和娱乐等)两部分。采用中国预防医学科学院推荐的日摄入热量2100大卡作为最低营养标准，并给出了食物清单，价格计算公式为：

$$P_i = P'_i R_i + P''_i (1 - R_i)$$

其中：P_i 表示食品 i 的加权平均价格；

P'_i 表示食品 i 的国家统销牌价；

P''_i 表示食品 i 的市场价格；

R_i 表示食品 i 自产自用的比重。

(6)其他方法

因子分析法。因子分析法建立系列综合指标体系，全面、准确地反映贫困的本质特征。针对不同贫困地区的特点，选取具有代表性的指标进行因子分析。①

收入等分定义法。该法将国民按收入分成几个(5~10个)等份，引入基尼系数进行差异比较，从而确定贫困人口的占比。根据占比借助家庭收入调查资料，求出贫困标准。②

商品相对不足法。该法认为缺乏普通必需品的家庭必然是贫困的，它首先确定某个标准的消费模式作为样本，将其他家庭与之比较，从而判定是否贫困。③

编制贫困指数法。该方法以生活质量为度量标准，根据居民对自己生活状况的评价来确定最低生活费用标准即贫困线。具体方法是选取与收入相关的问

① 吴碧英．城镇贫困：成因、现状与救助[M]．北京：中国劳动社会保障出版社，2004.

② 童星，林闽钢．我国农村贫困标准线研究[J]．中国社会科学，1993.

③ 童星，林闽钢．我国农村贫困标准线研究[J]．中国社会科学，1993.

题，向居民做问卷调查，让其给每个询问项目打分，以确定最低生活费用标准。①

标准预算法。该方法在确定生活必需品清单的基础上，以是否缺少这些必需品为标准设定贫困线。② 但此法仍然没有在"必需品"的定义问题上取得进展，也未能在属于正常消费的"非必需品"的取舍问题上取得进展。

收入替代法。该方法采用收入水平替代标准预算。③

剥夺指针法。该方法首先确定与收入相关的生活标准基本指标的清单，然后进行问卷调查，让人们回答"是"与"不是"。对不同家庭的需求不足进行评分，并进行家庭类型归类，然后与典型家庭的收入相比较得出贫困线。

调整基期贫困线法。该方法以 3~5 年为一周期，把周期内第一年作为基期，用基本需求法和恩格尔系数法综合测算贫困线，周期内以后各年用价格指数进行调整来测算贫困情况。④

生活形态法。从人们的生活方式、消费行为等"生活形态"入手，提出一系列有关贫困家庭生活形态的问题，让被调查者回答，然后选择出若干"剥夺指标"，再根据这些剥夺指标和被调查者的实际生活状况计算贫困的"门槛"，从而确定哪些人属于贫困者，最后分析他们(被剥夺)的需求以及消费和收入来求出贫困线。

---

① 何平．贫困测量方法综述[D]．济南：山东大学卫生管理与政策研究中心，2012.

② 早期的标准预算法的基本理念是每周采购一篮子商品，它是朗特里在约克郡进行调查时提出的。营养学家提出了一份一周饮食的菜单，但这个生活标准未免过于简朴，曾经引起了码头工人的抗议。后来美国的瓦茨委员会提出，不用有前提的专家判断为基础，而用全社会现实的消费模型来决定标准预算，他们根据消费模型，制定了三个消费的不同标准，即处于中间层次的"普通家庭标准"、低于它 50%的"社会最低标准"和高于它 50%的"社会富裕标准"。

③ 美国的奥珊斯基认为，专用于必需品消费的平均数可用于确定贫困水平，一个家庭的食品开支要占其收入的 30%以上，这个家庭就是贫困的。这个比例不一定非是 30%或需要度量的不仅是食品的开支，例如加拿大的贫困标准就是用于衣食住的开支比例是 62%。但收入替代点不能自己从恩格尔曲线上表现出来。其操作方法是：首先按照与朗特里类似的方法确定不同家庭规模的最低食品费用，并确定划分穷人和非穷人的恩格尔系数(国际上通常以 60%为标准)，然后用最低食品费用除以家庭的恩格尔系数。Alcock. Understanding poverty[M]. London：Macmillan Press，1993.

④ 王有娟．对目前我国城市贫困状况的判断分析[D]．北京：国家统计局，2002.

6. 影响贫困线设定的因素

影响贫困线设定的因素主要有：

(1)测量单位。个人、核心家庭、住户是确定贫困线的测量单位。① 各国在制定贫困线时多使用住户作为测量单位。

(2)指标选择。贫困测度结果与数据采集、统计分析、测度指标体系选择密切相关。常用指标有：可支配收入、消费开支、福利、热量、完全收入和社会发展指数等。② “有形生活质量指数”和联合国开发计划署的“人类发展指数”是公认的指标选择。③ 建立贫困线的各种基础指标各有利弊，在实际操作中主要使用可支配收入和家庭消费开支。

(3)家庭规模和结构。多数国家在建立贫困线时一般都先确定一类标准家庭(规模和构成)，然后选择不同家庭对标准家庭的调整系数。目前国际上常用的家庭规模和构成调整系数确定方法主要有：预算方法、生活必需品费用比例方法和消费理论方法。④

(4)时间跨度。确定贫困线须考虑时间间隔，常用的时间间隔单位是年、月、周，时间跨度越短越能准确反映贫困状况。

(5)区域差异。自然、社会、经济、文化和民族等会对不同区域的“最小需求”产生影响，从而对贫困线产生影响。区域对贫困线的影响突出了城镇和农村区别。确定贫困线标准要考虑地区差异，以及历史上形成的不同福利

---

① 库兹涅茨提出了选择收入分配单位的三个基本标准：可界定性、收入形成和使用决策独立性、人口不遗漏性。

② 福利是描述贫困的最适合指标，但实际操作中个人福利难以计算。消费开支能反映个人的物质福利水平和实际生活质量，但资料也难以取得，当年的消费开支也不能反映居民住房等长期开支情况。可支配收入数据相对容易取得，多数国家采用可支配收入作为贫困线的基础指标。热量摄取量在发展中国家制定贫困线时被广泛使用，它通常与收入或消费开支结合使用。完全收入指若个人全部可支配时间都用于创造收入能达到的最大货币收入，同样面临着不易计量问题。

③ Morrus 在 1979 年提出了“有形生活质量指数”，联合国开发计划署在 1990 年提出了“人类发展指数”，用社会发展指数测量贫困存在的问题是难以避免权数选择的武断性。

④ 使用家庭作为测量单位面临的问题是如何剔除家庭规模和构成差异对收入或福利的影响。家庭人口数量形成消费的规模经济性，而家庭的年龄、性别构成差异对家庭消费和福利也会产生影响，如小孩在食物和衣着方面的需求比成年人低。随着家庭规模的扩大，以家庭为单位的贫困线逐级上升，以个人为单位的贫困线则逐渐下降，贫困线与家庭规模成反比。

水准。

(6)价格指数。国家贫困线在一段时期内相对固定，但物价变化和通货膨胀发生时，需要调整贫困线，一般采用价格指数进行调整。①

(7)扶贫目标。扶贫目标既是贫困线划定的结果，又是贫困治理的目标。

7. 贫困线测度方法比较

上述方法说明了贫困人口数、贫困人口的平均收入与贫困线的差距和贫困人口的收入不平等状况，即阐明了贫困的广度(extent of poverty)、贫困的强度(severity of poverty)和贫困人口的收入分配(distribution or incidence of poverty)。但都存在着一定的缺陷，如恩格尔系数法用确定不变的恩格尔系数来测算国家或地区的贫困线的方法过于粗略，因为各个国家或地区的恩格尔系数有很大差异。扩展线性支出系统模型法采用计量方法，对统计数据的质量要求较高，对所收集的数据非常敏感。扩展线性支出系统模型法要优于另外测量方法。在测量某一地区的贫困线时，以扩展线性支出系统模型法为主，其他方法再对其测量的结果进行修正。扩展线性支出系统模型法吸收了诸多方法的优点，将基本生活必需品分为物质消费需求和精神消费需求，实现了对绝对贫困与相对贫困相结合的描述。对于不同收入的消费者，在同一时刻其所面临的市场价格是一致的，且每人的基本消费开支相同。统计数据标准统一且易于采集，评估结论较少受人为因素影响，测量得到的贫困线也随经济发展进行调整。

我国学者对恩格尔系数是否适用于衡量中国居民生活水平及贫困程度问题存在争议。持支持观点者认为，恩格尔系数法可以简单地通过食物开支占生活消费开支的份额衡量不同类型家庭居民的生活和福利水平。② 恩格尔系数在描述我国城镇居民生活消费开支和实际收入关系上有一定合理性，③ 可以反映我国农村消费需求变化情况，④ 在评估居民生活水平时可以得到较好的结论。⑤

---

① 如澳大利亚现在仍是1966年的贫困线，但每年联邦政府会根据家庭规模调整系数和价格指数进行调整。目前多采用零售物价指数对确定的贫困线进行调整，零售物价指数建立的商品和劳务的种类与确定贫困线的必需商品和劳务的种类不同，仍然存在问题，但目前没有更好的方法替代。

② 李建德．恩格尔定律在我国的适应性[J]．经济研究，1984(6)．

③ 谢健．恩格尔定律的适用性及恩格尔系数的修正[J]．统计研究，1993(1)．

④ 赵卫亚．我国农村居民恩格尔系数变动规律探析[J]．农业经济问题，1999(6)．

⑤ 王少飞．用恩格尔系数衡量居民生活水平的可行性研究[J]．统计研究，2002(6)；张焕明．我国农村居民消费水平地区性差异的实证分析[J]．经济科学，2002(5)．

恩格尔系数可以作为评价人类富裕程度的参数，① 贫困线为政府接受，② 恩格尔系数的变化可以表示生活水平变化，适合我国城镇居民生活水平的衡量。③

持相反观点者认为，恩格尔系数法不适用于我国农村贫困线的测定，不适用于中国国情，④ 需要将恩格尔系数与消费水平等结合才能衡量富裕程度，⑤ 恩格尔系数受到多种因素影响，收入的影响有时会被掩盖，只适用于食物消费基本满足后的发展阶段，不适用于生活的全阶段。⑥ 用恩格尔系数直接衡量我国居民生活水平不合理，因为除物价因素外，消费观念发生变化、收入差距拉大、住房教育医疗等会引起开支增加。食物开支受住房、教育、医疗等较大消费开支的影响，即消费结构的变化是导致用恩格尔系数衡量居民生活水平不合理的根本原因，⑦ 恩格尔系数测定贫困线失效的原因是贫困人口医药消费较高和教育负担较沉重，导致食物消费压缩，使得出的恩格尔系数并不高。⑧ 有学者论证了恩格尔系数在政府绩效评估标准上的不合理性，并提出了修正方法。⑨ 收入变化是影响贫困的一个重要因素，⑩ 有学者采用修正后的恩格尔系数对我国农村居民生活水平进行评估，并对测定结果与国家标准进行了比较研究。⑪

---

① 甘健胜，黄泽民．城镇居民恩格尔系数降速放缓趋势及其因素分析：基于采用分形分析方法的研究[J]．管理世界，2006(12)；王振军，牛叔文．基于食品消费的农村贫困线测定分析：以甘肃省为例[J]．人口与经济，2009(1)．

② 杨立雄．中国农村贫困线研究[M]．北京：中国经济出版社，2013．

③ 黄春燕，蒋乃华．食品价格上涨、生活水平下降与政策方案选择[J]．农业经济问题，2013(12)．

④ 徐康宁．略论恩格尔系数及其在我国的适用程度：兼与任定方同志商榷[J]．数量经济技术经济研究，1984(7)；邵宗明，周金城．恩格尔定律在我国的适应性[J]．统计研究，1985(1)．

⑤ 唐顺富．不能简单用恩格尔系数衡量农民富裕程度[J]．农业经济问题，1992(11)．

⑥ 邓树田．恩格尔系数不宜列入生活质量评价指标体系[J]．统计研究，1993(1)．

⑦ 王少飞．用恩格尔系数衡量居民生活水平的可行性研究[J]．统计研究，2002(6)．

⑧ 尹海洁，唐雨．贫困测量中恩格尔系数的失效及分析[J]．统计研究，2009(5)．

⑨ 李幸，文博．从恩格尔系数看中国居民的食物消费[J]．农村经济，2004(2)；王志升，郑金国．恩格尔系数作为政府绩效评估指标的合理性分析[J]．统计与决策，2007(7)．

⑩ 罗楚亮．经济增长、收入差距与农村贫困[J]．经济研究，2012(2)．

⑪ 刘伟平，王震．基于修正恩格尔系数的农村贫困线测定[J]．农业经济与管理，2015(5)．

恩格尔系数法测量的贫困线只能保障居民最基本的食物需求，并不能保障衣着、医疗保健、住房等其他非食物需求，体现的是绝对贫困；收入比例法建立在将穷人的生活水平与其他社会成员的生活水平相比较的基础上，体现的是完全相对贫困，不能体现出绝对贫困的含义；扩展线性支出系统模型法将消费性开支分为食物、衣着、家庭设备用品及服务、医疗保健、交通和通信、教育文化娱乐服务、居住、杂项商品和服务八大类，既能保证满足居民的基本生存需求，又能提供那些与其他社会成员相比已成为基本需求的社会服务，体现了绝对贫困与相对贫困的统一。

恩格尔系数法借助于营养学会的研究成果来确定满足居民最低基本生活需求的食物消费清单，简便易行，便于操作，但居民不可能完全按照营养学会推荐的食物定量表来消费。在确定适量饮食费用时，各类食物的平均混合单价只能粗略地计算，具有主观性。扩展线性支出系统模型法借助计量经济学方法来计算贫困线，避免了恩格尔系数法确定食物清单的主观性，同时消费水平只与收入水平有关，克服了难以计算各类商品平均混合单价的弊端，相对客观。

8. 测度贫困程度、深度的方法及其比较

贫困治理效果评估研究，需要对贫困者的贫困程度、贫困发生的广度和深度、贫困的变化趋势、贫困的空间分布特点等进行分析。

贫困程度衡量指数有：贫困发生率、贫困缺口率、贫困距指数、收入差距比率、森指数、① 加权贫困距指数(FGT 贫困指数)、分解的收入不平等指数、基于社会福利函数的贫困指标、② SST 贫困指数。③ 有学者给出了多维的贫困指标，将 FGT 贫困指数在多维情况下进行修正。④ 基于社会福利函数的贫困指

① Bourguignon, F. and G. Fields. Discontinuous losses from poverty, generalized measures, and optimal transfers to the poor[J]. Journal of Public Economics, 1997(63).

② Shlomo Yitzhaki. Do we need a separate poverty measurement? [J]. European Journal of Political Economy, 2002(18).

③ Blackorby, C. and D. Donaldson. Measures of relative equality and their meaning of social welfare[J]. Journal of Economic Theory, 1980(18); Blackorby, C. and D. Donaldson. Ethical indices for the measurement of poverty[J]. Econometrics, 1980(48).

④ Bourguignon, F. and G. Fields. Discontinuous losses from poverty, generalized measures, and optimal transfers to the poor[J]. Journal of Public Economics, 1997(63); Chakravarty, S. R. Ethically flexible measures of poverty[J]. Canadian Journal of Economics, 1983(16): 74-85; Chakravarty, S. R. Ethical index numbers[M]. New York: Springer-Verlag, 1990; Chakravarty, S. R. On shorrocks reinvestigation of the Sen poverty index[J]. Econometrics, 1990(65).

标说明，贫困指标需要度量这一损失量。①

(1) 贫困发生率

贫困发生率指低于贫困线的人口占全部人口的比例，反映了贫困现象的社会广度，是衡量贫困程度最基本的一个指标。② 贫困发生率又称为绝对贫困指数，是贫困人口与全部人口之比。③ 贫困人口数指生活水平低于贫困线的总人数，它反映了一国或地区所要救济的总人口数，是一个总量指标，而贫困发生率是一个相对指标，两者结合可以度量一国或地区贫困人口数的规模和密度。

基本模型如下：

$$H = Q/N$$

其中：H 表示贫困发生率；

Q 表示贫困人口数量；

N 表示总人口数。

贫困发生率不能说明贫困线以下贫困人口的贫困程度，也不能说明贫困线以下人口的分布情况。在衡量减贫效果时，它无法说明贫困程度、贫困内部差距等指标。贫困发生率给出了人口中发生贫困的频率，但不能说明贫困程度，也忽略了贫困深度信息。

(2) 贫困缺口率

贫困缺口率又称为相对贫困指数，是贫困人口个体的纯收入与贫困线差距的总和与达到贫困线收入总和的比率。贫困线下人口数是测度贫困群体的标准，但贫困发生率对于贫困线下人口的收入差异并不敏感，只说明了人口的比率，不能反映低于贫困线的程度。贫困缺口率说明了收入分布以及贫困人口收入与贫困线之间的差距，描述了贫困状况变化，是相对贫困的度量方式。若贫困线以下的人口收入上升，则贫困缺口率与贫困线的差距下降。但若贫困人口间的收入转移在贫困群体内部进行，只要没有突破贫困线则收入缺口率对收入转移不敏感。采用贫困缺口率可以确定贫困治理对象。

---

① Yitzhaki S. Do we need a separate poverty measurement? [J]. European Journal of Political Economy, 2002, 18(1).

② Rowntree, Seebohm. Poverty: a story of town life[M]. London: Macmillan Publishers Ltd., 1901.

③ 布朗和朗特里在 1904 年分析英国的贫困问题的时候首先采用。

设 I 表示贫困缺口率，贫困线为 π，第 i 个贫困者的收入为 $Y_i(Y_i \leqslant \pi,\ i=1,2,3,\cdots,q)$，贫困人口的平均收入为 μ，则：

$$I = \sum_{i=1}^{q}\left(\frac{\pi - Y_i}{q\pi}\right) = 1 - \frac{\mu}{\pi}$$

贫困缺口率作为收入缺口比率的度量指数，说明了贫困者收入缺口的平均值，但对反映贫困者生活水平的指标分布并不敏感。

(3) 贫困距指数

贫困距指数指贫困人口收入与贫困线之间的差距总和。①

基本模型如下：

$$G = \sum_{i=1}^{q}(z - y_i)$$

其中：G 表示贫困距指数。

z 表示贫困线；

y_i 表示第 i 个人的收入；

q 表示贫困人口数量。

(4) 收入差距比率

贫困距经过修正和标准化后，即为贫困人口与贫困线差距的百分比，称作收入差距比率。设有 i 个收入分别为 y_1，y_2，…，y_n的个人且按照收入大小给予升序排列。基本模型如下：

$$I = \frac{1}{qz}\sum_{i \leqslant q} g_i = \frac{1}{q}\sum_{i \leqslant q}\left(\frac{g_i}{z}\right) = \frac{1}{q}\sum_{i \leqslant q}\left(\frac{z - y_i}{z}\right)$$

其中：I 表示收入差距比率；

z 表示贫困线；

q 表示贫困人口数量；

g_i表示贫困距。

设 m 表示贫困人口的平均收入，则：

$$I = \frac{z - m}{z}$$

① Baker J. Evaluating the poverty impact of projects: a handbook for practitioners [J]. World Bank, 1999(85).

(5)森指数

森提出贫困评价指数需要满足以下两个公理：① 单调性公理，其他条件既定则贫困线以下人口收入的增长必定会降低整个社会的贫困程度。转移性公理，其他条件既定则贫困线以下的人向任何高于其收入水平的人进行单纯的收入转移，一定会增加整个社会的贫困程度。

森指数包括：贫困程度、贫困发生率、贫困缺口率、贫困人口间收入分配的基尼系数。若贫困人口的收入相同，则基尼系数为1；若平均贫困缺口以及贫困人口比率不变，贫困度量则随基尼系数变化，可以说明贫困线下人口收入分配的均等程度。不平等函数可以说明贫困人数、贫困缺口和贫困线之下收入分配状况。学者们经过改进将过去单一的以收入或支出水平来度量贫困的方法改进为用综合指标来测定贫困程度，即贫困指数。

森认为贫困的性质是贫困人口收入缺口的标准加权和，结合贫困线和贫困程度测量的指数，可综合反映贫困状态。

森指数的一般形式如下：

$$P = A(n, q, \pi)\sum_{i=1}^{q} V_i g_i$$

其中 $A = \frac{2}{(q+1)n\pi}$，$V_i = q - i + 1$

其中：A 表示由 n、q、π 共同决定的标准化参数。

n 表示总人口数；

q 表示贫困人口数；

π 表示贫困线；

V_i 表示第 i 个贫困者贫困缺口的权重；

g_i 表示第 i 个贫困者的贫困缺口；

森从广度、深度与强度方面综合反映贫困的程度，但限于计算过程的复杂，实际应用较少。受森的启发，托恩给出了满足强转移条件的贫困指数；夏洛克斯和森给出了满足充分连续性的指数；福斯特、格里尔和索尔贝克，构造了满足可分解性的指数；除基于公理方法进行总量贫困测度外，还有基于福利方法的总量贫困测度指数等。

---

① Sen, A. K. Poverty: an ordinal approach to measurement[J]. Econometrica, 1976, 44(2).

(6)加权贫困距指数(FGT 贫困指数)

由于森指数对收入转移不敏感，且对贫困人口内部不同的贫困程度也不敏感，即不满足转移敏感性公理。有学者提出了 FGT 指数来说明问题。① 基本模型如下：

$$P_\alpha = \frac{1}{nz^\alpha}\sum_{i=1}^{q} g_i^\alpha$$

其中：α 表示贫困转移的敏感度，它越大转移敏感度就越强；

$g_i = z - y_i$

P_α 表示加权贫困距指数(FGT 贫困指数)。

分析可知：

(1)当 $\alpha = 0$ 时，$P_0 = \frac{q}{n}$ 表示贫困发生率；

(2)当 $\alpha = 1$ 时，$P_1 = \frac{1}{nz}\sum_{i=1}^{q} g_i$ 表示收入差距比率；

(3)当 $\alpha = 2$ 时，$P_2 = \frac{1}{nz^2}\sum_{i=1}^{q} g_i^2$，满足转移敏感性原理，可分析贫困人口内部的贫困差异。

(7)分解的收入不平等指数

收入不平等可分解为：穷人间的不平等(inequality among the poor)、富人间的不平等(inequality among the non poor)、穷人与富人相比较的不平等(between groups in equality)。② 常用洛伦茨曲线和基尼系数来描述社会中人们收入不平等的程度。

如图 3-2 所示，基尼系数为：$G = A/(A + B)$

上述理论分别说明了贫困人口数、贫困人口的平均收入与贫困线的差距和贫困人口的收入不平等状况，即阐明了贫困的广度、贫困的强度和贫困人口的收入分配情况。

① 转移敏感性公理：贫困成员的收入水平越高，从他们那里进行相同水平的收入转移时，对全社会贫困程度的影响就越小。Foster, J. E. On economic poverty: a survey of aggregate measure[J]. Advances in Econometrics, 1984(3).

② Shlomo Yitzhaki. Do we need a separate poverty measurement? [J]. European Journal of Political Economy, 2002(18).

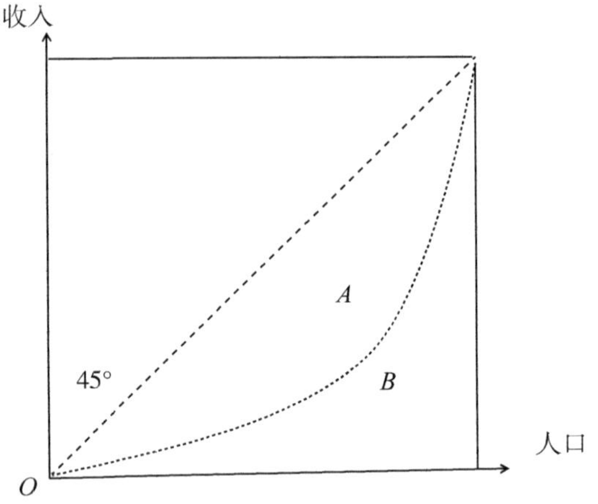

图 3-2 计算基尼系数的示意图

3.2 我国贫困地区、贫困县、贫困村、贫困群体和贫困个体选择

贫困识别与贫困评估对象有区别，实施了贫困治理的贫困地区、贫困县、贫困村、贫困群体或贫困个体才是评估的对象。而贫困识别是确定贫困治理评估对象的基础。在进行贫困治理效果评估的对象选择时，需要解决的问题有：贫困治理对象的选择方式是否合理？村级对象和户级对象的选择结果是否合理？贫困户对象的选择结果是否合理？一般项目户(村)的选择、贫困项目户(村)的选择有什么差异？

根据我国具体实际，只有实施贫困治理的对象才能进行贫困治理效果评估。我国当前主要对贫困地区(连片特困地区)、贫困县、贫困村、贫困群体与贫困个体实施贫困治理，因此贫困治理效果评估的对象选择也是上述五类。

1. 贫困地区的选择

贫困地区(连片特困地区)研究对象的选择，主要根据《中国农村扶贫开发纲要(2010—2020 年)》确定，具体包括：六盘山区、秦巴山区、武陵山区、乌蒙山区、滇桂黔石漠化区、滇西边境山区、大兴安岭南麓山区、燕山-太行山区、吕梁山区、大别山区、罗霄山区等区域的连片特困地区和已明确实施特殊政策的西藏、四川藏区、新疆南疆三地州共 14 个地区。

2. 贫困县的选择

贫困县研究对象选择，主要根据国务院扶贫开发领导小组办公室发布的《国家扶贫开发工作重点县名单》确定了592个贫困县。其中，中部地区217县、西部地区375县。① 国家扶贫工作重点县名单详见附录。

3. 贫困村的选择

贫困村研究对象是从国家扶贫开发工作重点县、连片特困地区中选择贫困村。贫困村是指村中贫困人口具有相同的贫困特征和发展需求，且通过贫困治理有可能实现治理目标的村，是贫困治理的单位之一。《中国农村扶贫开发纲要(2011—2020年)》中确定贫困村的指标包括“治理村覆盖贫困人口比例”，主要说明贫困村的贫困人口覆盖情况；“治理村中贫困村比例”，主要说明治理村中贫困村的比例；“治理村发展能力”，主要说明村级发展能力，包括外出务工比例、现有劳动力年龄结构、健康状况等人力资源条件，以及耕地面积、生产生活用水用电等基础设施条件。

4. 贫困群体的选择

本研究的贫困对象除农村贫困人口外，还包括城市贫困人口(领取最低生活保障的人员)和奔波在城乡之间的贫困外出务工群体。

5. 贫困家庭的选择

贫困家庭研究对象选择依据包括：“低保救济家庭比例”，即实施治理家庭中低保户和五保户的比例；“实施治理家庭中具有发展能力人口比例”，即有发展能力和劳动能力的贫困人口数量比例，并非将应纳入社会保障体系的救济人口大比例纳入范围；“实施治理家庭中贫困家庭比例”，即实施治理家庭中贫困家庭的比例。

6. 贫困人口的选择

贫困人口研究对象从国家扶贫开发工作重点县、连片特困地区、贫困村中进行选择。

---

① 国务院扶贫开发领导小组办公室，http://www.cpad.gov.cn/。2016年40个县脱贫摘帽。

当前我国的农村贫困识别机制还不完善，造成了贫困治理资源的贫困瞄准出现偏差。划定贫困县、贫困村的区域识别方式，导致贫困县、贫困村长期不变，已经脱贫的地区挤占贫困资源，使真正贫困地区或贫困人口没有得到国家的支持，原因是缺乏动态的贫困治理效果评估机制，不能及时评价贫困对象的贫困程度变化。

3.3 小结

(1)识别“谁是贫困者”“谁来治理贫困”“谁来评估贫困治理效果”是贫困治理的首要问题。贫困识别和度量是把握贫困状况、认识贫困对象、理解贫困深度的关键，是基础性、前瞻性、战略性工作，是贫困治理效果评估研究的逻辑起点和关键环节。

(2)我国贫困治理效果评估的对象选择是：连片特困地区、贫困县、贫困村、贫困群体与贫困个体。

4 理论研究之二：贫困治理、贫困治理方式的理论分析

4.1 国外贫困治理理论的演进分析

贫困治理理论选择决定了治理方式的选择。

国外贫困研究针对收入贫困、能力贫困、权利贫困、多维贫困问题提出了相应的贫困治理理论。如经济学提出的经济增长促进贫困治理理论。社会学、政治学将贫困内涵由单维拓展至多维，将贫困原因由个体拓展至结构，给出了基于经济增长视角、个体发展视角、制度和文化视角、组织视角、区域系统视角的贫困治理理论。20 世纪 70 年代，产生了参与式贫困治理理论。20 世纪 90 年代后，治理理论逐渐成为国际学术界的前沿理论，学者们广泛采用政治学及社会经济管理理论，建立了贫困治理研究的重要理论基础，并衍生出合作治理、多中心治理、整体性治理等多种理论模式。治理理论提出社会组织参与政府治理，回应公民需求，形成合作治理的社会治理模式，为社会组织参与反贫困提供了理论依据。当前的贫困治理理论基于文化贫困论、权利贫困论、能力贫困论，经历了从宏观理论范式到微观理论范式的转变；从经济范式到社会文化范式的转变；从制度范式到素质、权利范式的转换。

1. 贫困治理基本理论

(1)经济增长视角的贫困治理理论

马尔萨斯的人口学说、马克思的无产阶级贫困理论，“贫困的恶性循环”“低水平均衡陷阱”“临界最小努力”“循环积累因果关系”等理论都是基于经济增长视角的贫困治理理论。发展中国家研究了经济增长与减贫的关系，形成了“经济溢出”理论、涓流理论、益贫性增长理论、包容性增长理论、绿色增长贫困治理理论、多元发展理论等，并采用“涓滴效应”和“极化效应”阐释了经

济增长对区域发展的两面性。① 联合国、世界银行等国际机构提出了益贫式增长、包容性增长、益贫式绿色增长理论。② 多元发展理论说明没有普世的发展道路和模式，地理空间的差异性、特殊性以及由此产生的不同时空组合，决定了发展道路的多样性和复杂性。基于经济增长视角的贫困治理理论也是当前国内贫困治理研究的主流理论，是贫困治理政策的主导理念。③

(2)个体视角的贫困治理理论④

个体视角的贫困治理理论包括贫困代际传递理论、生命周期理论、能力贫困理论、主观贫困理论、人力资本理论、社会资本理论、生计资本理论、社区主导发展理论等。⑤ 能力贫困理论认为，贫困不是收入低下，而是能力的贫困，是社会生存、适应及发展能力的低下与短缺，强调通过扩大个人的选择范围来发展人的能力。主观贫困研究已经从最初的主观贫困线测算拓展到主观福利贫困研究。主观福利理论包括绝对理论、相对理论、预期理论和适应理论。⑥

---

① 经济发展初级阶段，发达地区的经济增长将产生区域发展差距扩大的“极化效应”；但长远来看，经济增长也能够为落后地区带动投资、就业及财政收入的增加，产生缩小区域发展差距和减少贫困的“涓滴效应”。

② 益贫式增长指“经济增长给穷人带来的收入增长比例大于平均增长率，因此相对不平等下降”。包容性增长理论基于传统发展理念下经济发展和物质增长不仅没有减少贫困，反而扩大贫富差距的现实，提出通过扶贫或益贫、生产性就业、提升人力资本能力和加强社会保障等途径，使贫困人口均衡分享社会财富，有尊严和体面地生活。包容性增长既强调速度，也强调增长模式，两者互为联系。绿色增长理论是经济增长减贫理论发展的结果，是后工业阶段对“发展”及“增长”概念进行区分后的反思。益贫式绿色增长概念源于益贫式增长，即有利于减贫的绿色增长，强调在保护贫困地区生态环境的前提下，有限度地开发利用自然资源，进而实现脱贫致富。理论的核心在于促进贫困地区绿色发展，从单纯追求经济增长向追求整体的、与生态结合的现代化发展；从单纯追求物质发展到实现人的全面发展，从而达到全面脱贫。见文雁兵. 包容性增长减贫策略研究[J]. 经济学家，2015(4).

③ 陈昕. 贫困治理理论与政策研究综述[J]. 价值工程，2010(28).

④ 解赵娜. 关于贫困治理研究的社会学理论综述：基于个体与结构的视角[J]. 知识经济，2012(11).

⑤ 陈银娥，高思. 社会福利制度反贫困的新模式——基于生命周期理论的视角[J]. 福建论坛，2011(3).

⑥ 左停，杨雨鑫. 重塑贫困认知：主观贫困研究框架及其对当前中国反贫困的启示[J]. 贵州社会科学，2013(9).

(3) 制度、文化视角的贫困治理理论

基于制度、文化视角的贫困治理理论包括制度贫困理论、贫困文化理论、权利贫困理论、全面贫困理论、社会风险管理理论、社会质量理论等，探讨贫困的生成机制、内涵等，并为建立具体扶贫模式提供理论框架。① 制度性贫困是制度缺陷及制度缺失造成的贫困。贫困文化理论源于对纯粹经济学理论解释贫困现象失败的反思，为贫困解释机制及贫困治理分析提供了新思路。贫困文化理论认为，贫困不仅是经济现象，也是经济、社会、文化的综合现象，是一种自我维持的文化体系。贫困文化指"贫困阶层所具有的一种独特生活方式"，贫困治理关键在于改变贫困人口的价值观及生活方式。② 贫困文化是现代社会的亚文化现象、贫困阶层的生活方式以及一种促使经济贫困的文化。文化扶贫时要重视贫困文化的正功能、贫困文化的代际传递机制。时间贫困、婚姻贫困、老龄人口的健康贫困等概念的引入丰富了多维贫困理论。

(4) 社会资本视角的贫困治理理论

社会资本概念与贫困治理结合形成了社会资本的贫困治理减贫方式。有学者基于社会资本关系性质认为，社会资本的排他性会削弱其在贫困治理中的作用，通过社会资本的形成过程实现贫困治理是令人失望和不现实的。③ 生计资本理论对贫困人口生计资本的类型、数量和组合进行了评估，强调了贫困人口对不同类型生计资本的拥有程度，以及环境、经济及社会的系统和协调发展。可持续生计分析框架得益于阿玛蒂亚·森的研究，认为生活所需的能力、资产和活动构成生计。可持续生计分析框架是理解多种原因引发的贫困的集成分析方法，是设计以人为本的贫困治理方式的主要工具。④

---

① 邢成举，葛志军．集中连片扶贫开发：宏观状况、理论基础与现实选择——基于中国农村贫困监测及相关成果的分析与思考[J]．贵州社会科学，2013(5)．

② 胡联，孙永生，王娜，倪国华．贫困的形成机理：一个分析框架的探讨[J]．经济问题探索，2012(2)．

③ 周晔馨，叶静怡．社会资本在减轻农村贫困中的作用：文献述评与研究展望[J]．南方经济，2014(7)．

④ 张大维．生计资本视角下连片特困区的现状与治理——以集中连片特困地区武陵山区为对象[J]．华中师范大学学报，2011(4)．

(5)社会视角的贫困治理理论

社会视角的贫困治理理论从社会层面分析贫困治理问题。个人、家庭和社区都会遭遇不同方面的风险，贫困人群更容易遭遇风险，风险对其影响也更严重，应重视贫困的预防而非补偿。社会发展目标不仅要关注经济指标以及物质生活条件的改善，更要关注社会体系的运行状况，应使人们能够获得社会经济保障，以免产生贫困和各种形式的物质剥夺。

(6)组织视角的贫困治理理论

我国现阶段已经形成了政府、市场、社会协同推进的贫困治理格局，政府组织、市场组织及社会组织是贫困治理的重要主体。组织视角是我国贫困研究的视角之一。特别是机制设计理论、治理理论以及合作型贫困治理理论已成为重要的理论基础。机制设计理论主要是通过构建相应的博弈方式，实现参与者个人利益与设计者既定目标的统一，将机制设计理论引入政府或其他扶贫组织的反贫困机制设计，为贫困治理研究及实践创新提供了新思路。[①] 有学者提出的策略是：从穷人的现实出发、投资于穷人的组织能力、变革社会规范、支持那些能够带领穷人们发展的领导者。[②]

(7)参与式治理、合作治理、多中心治理、整体性治理、跨部门协同治理理论

“参与式”理论包括社区参与发展、以社区为基础的发展和社区主导发展。社区主导发展是“将决策权和资源赋予社区成员及其组织，他们与能够回应其需求的外部支持性组织和服务提供者结成伙伴关系，为社区提供基础设施服务和社会服务，组织经济活动，管理社区资源，为穷人赋权，提高社区发展能力和治理水平，加强对最贫困群体的保障”。这一理论模式在国际发展领域被广泛应用，并对我国贫困治理理念和方式产生了影响。

“合作型贫困治理”理论强调通过贫困治理行动中相关利益主体的合作，从制度层面构建可持续的贫困治理机制，政府与贫困群体建立通力协作关系，

① 杨志军．内涵挖掘与外延拓展：多中心协同治理模式研究[J]．甘肃行政学院学报，2012(4)．

② 迪帕·纳拉扬，拉伊·帕特尔，凯·萨福特，安妮·拉德马赫，萨拉·科克舒尔特．谁倾听我们的声音[M]．付岩梅，译．北京：中国人民大学出版社，2001.

区别于参与式贫困治理的赋权理念。① 农村开放式的社区结构以及农民分化日趋明显，完全通过政府行政传导或完全不需要政府介入实现贫困治理是不现实的。

“多中心的贫困治理理论”强调建立协作性的组织网络，实现政府与其他公共性主体的合作及持久性共同利益，强调治理主体、治理权威的多元化和多样性。如结合连片特困地区贫困治理，有研究提出构建由政府、社会、非营利组织、贫困者积极参与的府际合作反贫困与政府-社会协同反贫困多方联动的多中心协同治理体系。整体性治理理论强调参与主体、机制的多元化以及参与主体地位的平等性。

“跨部门协同的贫困治理理论”是建立在协商和强制、市场机制、公共利益以及价值认同上的合作，是一个从上到下、由内而外互动的管理过程。“三位一体”的扶贫工作格局分为政府内协同、政府间协同和政府与非政府组织合作三种模式。

(8) 区域、系统视角的贫困治理理论

区域、系统视角的贫困治理理论基于区域、系统视角，关注贫困与区域、空间系统的关系，涉及地理学、经济学等诸多学科，形成了丰富的理论体系。如增长极理论、涓流理论、大推动理论、地域系统理论、区域产业结构理论、梯度理论、反梯度理论等。② 新的区域发展观或称为新区域主义理论强调新产业空间开拓、地区合作强化、创新和学习氛围营造以及制度支持供给。③ 连片贫困地区扶贫开发应注重产业升级和新兴产业的发展，注重加强区域的协同和经济合作，注重增强贫困人口的学习创新能力，以及注重建构地方发展的制度环境与设施等。④

(9) 空间贫困理论

空间贫困理论关注贫困地区、贫困人口的分布以及空间与贫困之间的关系。世界银行有关中国的研究发现，地理因素导致了“空间贫困陷阱”，地理

---

① 卢艳霞. 社会组织参与农村扶贫研究[D]. 长沙：中南大学硕士学位论文，2012.

② 林万龙，钟玲，陆汉文. 合作型反贫困理论与仪陇的实践[J]. 农业经济问题，2008(1).

③ 冷志明，雷亿辉. 基于新区域主义的我国连片贫困区开发研究[J]. 经济地理，2011(4).

④ 陈忠言. 中国农村扶贫中的跨部门协同机制分析[J]. 宁夏社会科学，2014(4).

资本对农村家庭消费增长有显著影响，“地理资本”可以与物质财产资本、社会资本相提并论。空间贫困理论提出经济社会发展中教育、卫生、社会保障、政治差异，可以解释空间地理位置禀赋的不同。① 空间贫困研究的主要内容，包括贫困与地理空间位置的紧密关系、贫困地图的绘制与建立以及相应的政策建议。我国的地区差距和城乡差距的事实揭示了空间在贫困问题上的重要作用。② 空间贫困理论对于识别贫困的地理学因素、提高资源利用率和政策瞄准度、完善贫困信息等具有重要作用，特别是在对连片特困地区、少数民族地区的研究中，空间贫困理论日益重要。

上述贫困治理理论为本课题研究提供了全新的研究视角和理论启示。

2. 贫困治理资源分配理论

国外学者总结出以下几种贫困治理资源分配法：

(1)完全瞄准(perfect targeting)法。完全瞄准的贫困治理资源分配效果最好，但该法对于确定谁有资格获得扶贫资源的信息找寻成本高，且难以获取完全信息。

(2)不瞄准(no targeting)法。即将扶贫资源直接分给贫困家庭，此方法可以降低信息成本，但会带来贫困治理资源的流失，导致资源利用效益低。

(3)介于上述两种做法间的部分瞄准(partial targeting)法。这一方法介于上述两种做法之间，是将贫困治理资源分配给具有某种社会经济特征的子群。子群内分配有两种形式：一是等额分配形式，即同一子群中的家庭所得相同；二是按收入等比例分配形式，即每个家庭所获资源与其贫困程度相称，该比例在同一子群中普遍适用。但通常各子群均存在大量贫困人口，难以解决子群间合理分配资源以使社会贫困最小化的问题。资源有限的分配规则是将贫困治理资源分成若干份，将第一份资源分配给减贫效果最显著的子群，对每一份贫困治理资源重复上述步骤，直至所有贫困治理资源耗尽。

(4)公共工程扶贫法。实施公共工程时考虑制定低工资水平让更多贫困者有工作机会，制定高工资让一些贫困者得到更多收入。一是浮动工资下的高覆盖，即政府或其他扶贫机构将使愿意参加公共工程的人如愿以偿，而这时参与者只能得到低工资水平；二是社会决定的最低工资下的有限覆盖，即政策制定

① 陈全功，程蹊．空间贫困理论视野下的民族地区扶贫问题[J]．中南民族大学学报，2011(1)．

② 陈全功，程蹊．空间贫困及其政策含义[J]．贵州社会科学，2011(8)．

者可能将工资水平设定在社会决定的最低水平，合乎条件的人将被允许参与公共工程，直至资源耗尽。①

(5)依据权力关系法。有学者从人的权力关系来认识贫困治理，认为权力关系决定着一个人是否有能力得到足够的食物以避免饥饿。“纯贸易关系”和“自生产关系”可以保证穷人的权力关系实现，从而避免陷入贫困的境地。社会保障体系是实现穷人权力关系的形式。②

4.2 国内贫困治理理论的演进分析

我国学者的贫困治理理论思路是寻求“经济增长+公平”的目标，在理论研究中给出两种政策选择：

(1)贫困治理的宏观理论，涉及农村经济发展、城市工业发展、区域平衡发展、货币、城乡市场及劳务等方面的政策；

(2)影响公平的社会理论，涉及发挥财政职能相关的政策、影响资产积累的政策、影响贫困群体能力的政策，并建立社会救助及安全网。③ 农村主要采用政府专项扶贫资金、小额贷款扶贫、实物救济和以工代赈等方式。城市主要采用最低工资保障制度、失业保险制度、居民最低生活保障制度、公共福利增进政策、贫困预警机制和再就业工程。除政府扶贫外，还有市场扶贫和非政府组织扶贫。

我国开发式扶贫和社会保障相结合、专项扶贫和行业扶贫、社会扶贫相结合、外部支持与自力更生相结合是最优选择。开发式扶贫政策主要针对农村的贫困地区和贫困人口，侧重于生产性开发；社会保障政策主要以城镇贫困人口为主要对象。惠农政策包括医疗、教育、税改等政策，主要不是针对贫困人口，而是针对贫困县、贫困村。

参与发展理论认为，发展对象不仅接受贫困治理，还要作为受益方参与监测和评价，从而形成我国当前的参与式农村扶贫开发模式。④ 参与发展模式具

---

① Martin Ravallion. On the coverage of public employment schemes for poverty alleviation [J]. Journal of Development Economics, 1991(34).

② 阿玛蒂亚·森. 贫困与饥荒[M]. 王宇，王文玉，译. 北京：商务印书馆，2001.

③ 中国海南改革发展研究院课题组. 中国承诺本世纪末消除贫困[M]. 北京：中国经济出版社，1998.

④ 曹洪民. 中国农村开发式扶贫模式研究[D]. 北京：中国农业大学博士学位论文，2003.

有坚实的理论基础，系统化、规范化的实践程序和明显的贫困治理效果，引起了世界各国的关注。[①] 政府为主导、多部门参与的贫困治理模式可以动员全社会的力量进行扶贫，增强了贫困治理的政治性和社会性，但忽视了贫困人口对贫困治理的参与作用；忽视了市场机制的调节作用；中央政府投入资金而地方政府承担组织责任导致行为不一致，削弱了贫困治理的效果，影响了资金的合力和使用效率的提高。[②]

基于上述理论研究，我国采取了多样化的贫困治理模式，但最常用的扶贫方式是财政扶贫。财政扶贫政策可有效改善贫困地区的落后状况，缩小贫困地区与发达地区的差距，[③] 可有效促进经济增长和财政增收。[④] 财政扶贫对县域农民人均纯收入增长具有较大的推动作用，[⑤] 但其政策效应具有一定的时滞性，[⑥] 其短期减贫效果较为明显，而长期效应则趋于平稳，[⑦] 政策效应逐渐呈现出低效性，[⑧] 扶贫资金具有边际效率递减趋势，扶贫资金增加但贫困人口的下降速度却逐渐减缓，扶贫效率日趋低下。[⑨]《国家八七扶贫攻坚计划》使1992—1995 年人均纯收入增长了 0.91%；1994—2000 年农民人均纯收入短期增加了 38%，但其长期政策效应不显著。[⑩] 我国学者基于经济增长、个体发展、制度文化、组织、区域系统，以及我国扶贫开发理论，对国外贫困治理理论的梳理、总结和比较，或采用中国数据进行的理论分析和整合、检验或修正，形成了中国特色扶贫开发理论研究。[⑪] 有学者对国内贫困研究领域的贫困

---

① 李兴江．参与式扶贫模式的运行机制及绩效评价[J]．开发研究，2008(2)．

② 曹洪民．中国农村开发式扶贫模式研究[D]．北京：中国农业大学博士学位论文，2003.

③ 刘冬梅．中国政府开发式扶贫资金投放效果的实证研究[J]．管理世界，2001(6)．

④ 程丹峰，宁旭初，叶康涛．中国财政扶贫政策分析[J]．财贸经济，1998(4)．

⑤ 王朝阳，余卫苗，袁灵．财政扶贫与县域经济增长的实证研究[J]．财政研究，2012(6)．

⑥ 张彬斌．新时期政策扶贫：目标选择和农民增收[J]．经济学(季刊)，2013(3)．

⑦ 秦建军，武拉平．财政支农投入的农村减贫效应研究[J]．财贸研究，2011(3)．

⑧ 方黎明，张秀兰．中国农村扶贫的政策效应分析：基于能力贫困的考察[J]．财经研究，2007(12)．

⑨ 汪三贵．在发展中战胜贫困——对中国 30 年大规模减贫经验的总结与评价[J]．管理世界，2008(3)．

⑩ 杜为公，王静．湖北省大型扶贫计划的政策效应研究：基于“反事实”思想的实证分析[J]．农林经济管理，2017(5)．

⑪ 刘建华，丁重扬，王纪成．贫困理论比较研究与中国反贫困实践[R]//程恩富，等. 外国经济学说与中国研究报告(2014)．北京：社会科学文献出版社，2014.

治理理论进行了梳理和评述。① 国内现有研究侧重西方贫困治理理论的应用研究，对理论本身的适用性重视不够，需要进行本土化、整体性和系统性研究。国内学者也将需求理论、公共产品理论以及知识经济理论作为其理论基础进行分析。

4.3 国内外贫困治理理论对治理方式的影响分析

1. 国内外贫困治理理论差异

我国贫困人口数量多、覆盖广，多集中在农村，而国外则相对较少，贫困阶层主要为城市失业人口、流浪者，而我国农民是治贫的主要对象。我国贫困治理由解决温饱逐步走向治理社会性贫困，国外注重从经济、文化、社会多个角度寻求目标的方式，以全面解决贫困人口的多方面诉求。

国外贫困治理理论建立在对贫困现象进行观察分析研究的基础上，我国贫困治理理论主要是领导人对实践工作的总结与提炼。国外重视教育投资以开发贫困地区的人力资源，建立健全社会福利及救助制度，保障贫困群体的基本生活。② 我国扶贫政策主要包括：农村政策、区域政策、农村社会保障政策等。③ 我国贫困治理政策体系由预防性政策、救济性政策和开发性政策组成。预防性政策指防止贫困发生或降低贫困发生概率的政策；救济性政策指当贫困

① 黄承伟，刘欣．“十二五”时期我国贫困治理理论研究述评[J]．云南民族大学学报，2015(33)．

② 如英国 1572 年开始征收“济贫税”；1601 年颁布了《济贫法》；1948 年成立国民救济委员会并实施《国民保险法》和《国民救济法》。1990 年德国设立“统一基金”用来援助原民主德国地区，并运用高利率政策调整东部地区的产业结构，将欧盟各国的资金引向德国。美国在 20 世纪 60 年代执行“向贫困挑战”计划，对世界贫困治理行动产生了深远影响。有些国家也通过财政补贴鼓励雇主雇用困难群体。

③ 国家实行统筹城乡经济社会发展的方略和系列经济发展政策，全面促进了广大农村地区的经济发展。国家相继取消了牧业、农业等税收，实行种粮农民直接补贴、良种补贴、农机具购置补贴。逐步建立和完善农村社会保障体系，各种社会基础设施建设已经展开。区域政策最早是针对中国西部实施的大开发战略。中国西部地区自然条件恶劣，基础设施滞后，贫困人口集中。国家相继出台一系列区域发展政策，并把农村扶贫开发作为政策重点加以推进。为贫困人口提供基本的社会保障，是解决贫困人口温饱问题的基础手段。新型农村社会养老保险实行个人缴费、集体补助、政府补贴相结合的筹资方式，基础养老金和个人账户养老金相结合的待遇支付方式。

确实发生后减少其负面影响和损害的政策；开发性政策指消除贫困者的脱贫障碍、增加脱贫机会的政策。中国扶贫方式可分为：开发式、参与式，以及实施社会保障政策和惠农政策。

2. 国内外贫困治理理论对治理方式的影响

(1) 贫困治理方式分类

贫困治理方式指扶贫主体采用一定的生产要素和资源，利用一定的方法和手段作用于扶贫客体，促进扶贫客体脱贫致富的方式、方法和措施的总称。

按照不同的分类标准，贫困治理方式可以划分为不同的类型。

根据扶贫活动的参与主体来划分，可分为三大类，即政府主导型、非政府组织主导型、对口扶贫型贫困治理方式。

根据扶贫主体对扶贫客体的作用方式，可划分为救济式和开发式。救济式也称“输血”式扶贫。开发式扶贫也称“造血”式扶贫，相比救济式贫困治理方式，开发式主要针对自身有劳动能力，但缺乏必要资源和引导的贫困人口。开发式贫困治理方式包括以工代赈贫困治理方式、科技贫困治理方式、整村推进贫困治理方式、农业产业化贫困治理方式、劳动力转移培训贫困治理方式和参与式整村推进贫困治理方式等。

根据扶贫主体投入的扶贫要素类型可分为：物质贫困治理方式、文化教育贫困治理方式、信贷贫困治理方式。

根据扶贫对象的脱贫地域划分，可分为就地贫困治理方式和异地迁移贫困治理方式。就地贫困治理方式指贫困农户无须离开原来的住所，通过开发当地资源就能实现脱贫致富的模式。异地迁移贫困治理方式主要是针对处于恶劣生存环境的贫困农户。由于原居住地资源匮乏或已枯竭，生存环境艰难，贫困农户只有通过搬迁到其他地域才能改变自身贫困状况。

根据扶贫资源分配的对象可分为区域贫困治理方式和直接到户贫困治理方式。区域贫困治理方式把一个特定的相对贫困区域作为扶助对象，通过完善该地区的基础设施，拉动整个地区的经济使整个地区包括非贫困人口整体受益的模式。直接到户贫困治理方式则只针对贫困人口，直接帮助扶持，使其脱贫致富，并不涵盖非贫困农户。

(2) 国外主要贫困治理方式

国外的扶贫政策具有如下特征：健全扶贫立法，保护基本权益；立足本国经济，调节收入差距；明确资金保证；加强服务体系建设，保障平等享有。

公共财政政策可有效缓解贫困状况，提高贫困人口的生活水平。印度实施的农村私人转移支付计划及农村就业保障计划等财政支出政策能够有效缓解贫困现象；[①] 菲律宾的非食品补助政策相对于食品补助政策更具贫困治理效果。伊朗农业支出虽对经济发展具有积极影响，但其扶贫效应较弱；[②] 阿根廷 2002 年实施的旨在缓解失业人口贫困状况的大型社会支出项目家长计划(PJH)在一定程度上抑制了失业工人寻找工作的动力，不利于其摆脱贫困。[③] 小额信贷可为贫困人群提供发展资金，[④] 激励其创造自我发展机会，改善其生活状况，提高其社会经济条件，并使其有能力为后代提供受教育机会，规划其长期发展。如巴基斯坦小额信贷可使贫困率下降 3.05%。[⑤]

(3) 中国特色的贫困治理方式

我国采用“政府主导、全社会共同参与”的方针和“开发式为主、救济救助式为辅”的复合型贫困治理方式。经过了《国家八七扶贫攻坚计划》《中国农村扶贫开发纲要(2001—2010 年)》《中国农村扶贫开发纲要(2011—2020 年)》《中共中央　国务院关于打赢脱贫攻坚战的决定》《中共中央　国务院关于坚持农业农村优先发展做好“三农”工作的若干意见》多次重大调整，形成了中国特色的治理方式，具体如下：

(1)多元化的扶贫主体。改革开放到 21 世纪初，我国采用政府主导的扶贫战略。21 世纪初，我国农村贫困性质发生了重大的转变，农村贫困人口大幅度减少，分布由集中趋向分散，致贫原因多样化，我国将扶贫瞄准精度从县级提高到了村级，实施整村推进、扶贫到户战略，使贫困治理更加专业化和精准化。政府、NGO 合作扶贫模式受到越来越多的关注。《中国 NGO 反贫困北

---

① Deepa Narayan. Voices of the poor: can anyone hear us? [M]. Oxford: Oxford Unversity Press, 2001.

② Kraay A. When is growth pro-poor? cross-country evidence[J]. IMF Working Papers, 2004.

③ Kumar T. K., Gore A. P., Sitaramam V. Some conceptual and statistical issues on measurement of poverty[J]. Journal of Statistical Planning and Inference, 1996, 49(1).

④ Chantarat S., Barrett C. B. Social network capital, economic mobility and poverty traps [J]. The Journal of Economic Inequality, 2012, 10(3).

⑤ World Bank. Poverty and social impact analysis of reforms: lessons and examples from implementation[J]. World Bank Publications, 2006.

京宣言》讨论了NGO在解决贫困问题上的作用，明确提出了创造外部条件引导非政府组织广泛参与扶贫的思路。非政府组织扶贫理念和政府具有相似性，注重村民自我能力的提升和可持续发展，收到了较好的扶贫效果。经验研究表明，非政府组织在政府失灵或市场失灵的领域具有比较优势，成为除政府和市场之外的合作模式。①

(2)整体性和有针对性的贫困治理体系。我国建立了符合贫困地区发展的专项扶贫和社会扶贫相结合的治理体系，先后采取了以工代赈、信贷扶贫、科技扶贫、社会扶贫整村推进扶贫、农业产业化扶贫、贫困地区劳动力转移培训、参与式扶贫等开发式扶贫模式。以工代赈指政府为了改善贫困地区的基础设施和公共服务，投资建设小型基础设施工程，如乡村(组)道路和人畜饮水工程建设，水利工程，农田基本建设等。信贷扶贫指农村银行机构通过提供各种低于市场利率的扶贫优惠贷款，支持贫困地区发展生产，尤其是商品生产。科技扶贫通过为贫困地区引进先进适用的科学技术和输送相关的技术人才，以提高其资源开发水平和劳动生产率。社会扶贫也称“对口扶贫”，即号召社会各界参与到农村的扶贫建设，由国务院组织沿海发达地区的省、市以及计划单列市对口帮扶西部贫困省、市和自治区。由国家鼓励中央和国家机关各部门各单位积极参加定点扶贫，制订帮扶计划，筹措资金完成扶贫任务。整村推进扶贫是对过去以贫困县为单位而组织的相对分散和单一扶贫方式的一种改革。整村推进扶贫模式以贫困村为扶助单位，各村根据参与式扶贫方法，在群众的参与下民主决策，制订村级扶贫开发规划，按照缺什么补什么的原则提供相关服务。农业产业化扶贫是坚持开发式扶贫方针，鼓励贫困农户自力更生、艰苦奋斗，合理开发当地资源，培育优势产业，提高自我积累、自我发展能力，最终实现脱贫致富。贫困地区劳动力转移培训方式主要是针对多数贫困地区存在劳动力就业不充分的问题提出的以培训促进就业方式。

4.4 我国贫困治理战略的演进分析

我国贫困治理战略处在不断调整过程中，依据战略要求以及我国农村的经济、社会、历史条件变化，贫困治理不同历史阶段的战略目标、对象、方式各不相同。

---

① 中国NGO反贫困北京宣言，http://cpfd.cnki.com.cn/Article/CPFDTOTAL-ZGFO200110001006.htm.

我国的贫困治理经历了如下几个阶段：救济为主的农村扶贫阶段(1949—1977年)、经济体制改革扶贫阶段(1978—1985年)、大规模开发式扶贫阶段(1986—1993年)、扶贫攻坚阶段(1994—2000年)、扶贫开发新阶段(2001—2010年)、扶贫开发模式与农村最低生活保障制度并行阶段(2011—2020年)和精准扶贫阶段。各阶段实施的扶贫战略和决策往往相互交叉逐步过渡，并未截然分开。但在每个阶段都实施一种主要的扶贫战略，其他的扶贫战略则处于辅助地位。

1949—1977年，推行土地改革政策，使农民解决自身的生存问题；建立“人民公社”，增强抵制自然灾害的能力；实施对贫困人口实行救济、以工代赈的治理政策，解决了农村贫困人口的燃眉之急。但没有改善贫困者生存的基础条件和增强其自立能力，以工代赈是救济而非扶助。未能创造实现温饱的基础和增强自立能力的条件，动荡的社会环境更使贫困人口数量表现了波动。我国扶贫政策是对贫困人口实行单纯的救济政策，没有与改善贫困者生存的基础条件和增强其自立能力的扶贫开发联系起来。以工代赈是救济而非扶助。这种救济政策虽然也以一定的代价暂时地缓解了农村最贫困者的燃眉之急，但终究未能创造实现温饱的基础和增强自立能力的条件，贫困治理效果较差。

1978—1985年，实行家庭联产承包责任制一定程度上解决了农民的生存问题。同时设立了支援经济不发达地区发展资金，进行“三西”农业建设并深入开展“以工代赈”活动。1984年中共中央、国务院发布了《关于帮助贫困地区尽快改变面貌的通知》以改善农村的贫困状况。这一时期的有计划、有组织、大规模的贫困治理活动为我国扶贫工作提供了有益的借鉴。这一阶段实施了开发式扶贫政策。初期的开发式扶贫政策的基本思路是：解决贫困需要增加农民收入，改变自给性传统生产方式，优化农村产业结构。开发式扶贫政策没有区分解决贫困人口的温饱问题和解决贫困地区经济不发达问题两者之间的差异，因而把扶贫开发和一般经济开发等同起来了。扶贫开发是以贫困人口为对象，并以增加食物供给、创造和改善生产条件为内容，因而主要是农业开发，目标是就地增产食物、发展能够交换食物的其他生产，以解决温饱所需。区域经济开发是以区域发展为对象，主要是改变生产结构，发展加工工业，兴办乡镇企业和其他企业，发展商品经济，其直接目标是增加收入，进一步提高生活水平。体制改革扶贫阶段是我国扶贫战略发展的第二阶段，这一阶段大力推行制度变革以缓解贫困，如采取了家庭联产承包责任制和统分相结合的双层经营体制；逐步放开产品价格；发展乡镇企业，使得公有制经济和非公有制经济共存。

我国农村扶贫战略发展的第一、二阶段是以救济为主的农村扶贫阶段，时间跨度是1949年到1978年。中华人民共和国成立初期，战争、官僚主义、落后的基础设施以及封闭的社会状态导致我国面临着规模大、程度深的贫困状况。① 当时我国实施的是计划经济体制，在城市，主要是采取了保障充分就业、控制食品价格、定量供应的政策，对居民提供教育、医疗等公共服务。在农村，计划经济主要体现在以人民公社为代表的集体经济，平均主义原则被广泛采用。这一原则主要通过重新分配可耕地、家畜和其他农业生产资料，建立农业合作化，实施合作医疗制度等措施来实现。在这种体制下，当时我国扶贫的主要做法是通过自上而下的民政救济体系来实施紧急的救助计划，对极端贫困人口实施救济，如采取包括社会救济和优抚救济在内的方式。救济对象主要是针对丧失劳动能力、无力抚养或赡养的农村五保户、特困户及其他由于各种自然灾害生活暂时困难或者收入不能维持最低生活水平的人。

1986—2000年，我国开展了高速经济增长背景下以区域性瞄准为主的开发式扶贫。《国家八七扶贫攻坚计划》提出集中人力、物力、财力，动员社会各界力量，力争用7年左右的时间，基本解决农村贫困人口的温饱问题。这一时期，中国农村贫困问题从普遍性、区域性、绝对性贫困向点状分布和相对贫困演变。国务院贫困地区经济开发领导小组(后更名为国务院扶贫开发领导小组)的成立，使得扶贫工作制度化、专业化。确立了开发式扶贫方针，确定贫困标准和重点扶持区域，以县为单位确定国家扶贫的重点，继续执行“支援不发达地区发展资金”“以工代赈”“三西扶贫”等资金投入政策，开始实施信贷扶贫政策。《国家八七扶贫攻坚计划》的发布标志着中国的扶贫开发进入了攻坚阶段。计划强调继续坚持开发式扶贫方针，把适宜贫困地区发展的种植业、养殖业和农副产品加工业作为扶贫开发重点，坚持科教扶贫，动员社会力量参与扶贫，逐年增加扶贫投入，同时调整国家扶贫资金投入的地区结构，积极解决贫困群众的温饱问题；调整了贫困县的评定标准，把人均纯收入低于400元的先纳入国定贫困县，高于700元的原定贫困县则全部取消。最终确定了592个国家重点扶持贫困县。其中大部分分布在甘肃、贵州等特别贫困的地区。1996年在世行、亚行等国际组织的支持下，我国扶贫瞄准政策开始转向贫困村和贫困户。

2001—2010年，实施全面建设小康社会进程中的扶贫开发。在绝对贫困人口数量不断减少，城乡差距和地区差距日益凸显的背景下，我国提出了全面

① 国务院扶贫开发领导小组办公室．中国农村扶贫开发概要 2006.

建设小康社会的目标，并通过以工促农、以城带乡和社会主义新农村建设等措施来推动农业和农村经济的发展，以逐步缩小工农和城乡之间的差别。《中国农村扶贫开发纲要(2001—2010年)》指出的奋斗目标是尽快解决极少数贫困人口温饱问题，改善贫困地区的基本生产生活条件和生态环境，提高贫困人口的生活质量和综合素质，加强贫困乡村的基础设施建设。这一时期的扶贫特征是扶贫目标瞄准从县级转移到村级。《中国农村扶贫开发纲要(2001—2010年)》的发布标志着我国进入了扶贫开发新时代。瞄准精度提高，以村级瞄准取代了县级瞄准，提高了扶贫对象瞄准的准确度。在全国范围内共确定了14.8万个贫困村；采用扶贫开发新模式，如自愿移民搬迁、整村推进、产业扶贫等扶贫模式，其中最重要的扶贫模式是参与式整村推进模式。采用多样化扶贫政策，如2006年我国免征农业税，2007年政策关注农村最低生活保障制度，国务院发出的《关于在全国建立农村最低生活保障制度的通知》对农村最低生活保障制度的目标任务、原则要求、保障标准、对象范围、操作程序、资金筹集、组织机构等内容进行了规范，标志着我国农村最低生活保障制度进入全面推进阶段。① 2009年提高扶贫标准。

《中国农村扶贫开发纲要(2011—2020年)》的发布标志着我国进入了扶贫开发模式与农村最低生活保障制度并行阶段。实行扶贫开发和农村最低生活保障制度有效衔接。把扶贫开发作为脱贫致富的主要途径，鼓励和帮助有劳动能力的扶贫对象通过自身努力摆脱贫困；把社会保障作为解决温饱问题的基本手段，逐步完善社会保障体系。把扶贫标准以下具备劳动能力的农村人口作为扶贫工作主要对象，同时把新划定的14个集中连片特殊困难地区作为新一轮扶贫攻坚战的主战场。由于连片特困地区覆盖了我国绝大部分贫困地区和深度贫困群体，一般的经济增长无法有效带动这些地区的发展，常规的扶贫手段难以奏效，我国按照“区域发展带动扶贫开发、扶贫开发促进区域发展”的思路推进连片特困地区的发展。

《关于打赢脱贫攻坚战的决定》的发布标志着我国进入了精准扶贫新阶段。目标是：到2020年，稳定实现农村贫困人口不愁吃、不愁穿，义务教育、基本医疗和住房安全有保障。实现贫困地区农民人均可支配收入增长幅度高于全国平均水平，基本公共服务主要领域指标接近全国平均水平。确保我国现行标准下农村贫困人口实现脱贫，贫困县全部摘帽，解决区域性整体贫困。

---

① 国务院关于在全国建立农村最低生活保障制度的通知，http：//www.gov.cn/zwgk/2007-08/14/content_716621.htm.

治理方式是：提出实施精准扶贫方略，加快贫困人口精准脱贫。要求扶持对象精准、项目安排精准、资金使用精准、措施到户精准、因村派人精准、脱贫成效精准，抓好精准识别、建档立卡。对已经脱贫的农户，在一定时期内让其继续享受扶贫相关政策，避免出现边脱贫、边返贫现象。发展特色产业脱贫、引导劳务输出脱贫、实施易地搬迁脱贫、结合生态保护脱贫、加强教育脱贫、开展医疗保险和医疗救助脱贫、实行农村最低生活保障制度兜底脱贫、探索资产收益扶贫、加快交通、水利、电力建设、加大“互联网+”扶贫力度、加快农村危房改造和人居环境整治、支持革命老区、民族地区、边疆地区、连片特困地区脱贫攻坚。加大金融扶贫力度、完善扶贫开发用地政策、发挥科技、人才支撑作用、广泛动员全社会力量，合力推进脱贫攻坚。同时，加强国际减贫的交流与合作。

我国贫困治理方式演进情况如表4-1所示。

表4-1　　我国贫困治理方式演进情况(1994—2020年)

具体治理方式分类	阶段						
	救济为主的农村扶贫阶段(1949—1977年)	经济体制改革扶贫阶段(1978—1985年)	大规模开发式扶贫阶段(1986—1993年)	扶贫攻坚阶段(1994—2000年)	扶贫开发新阶段(2001—2010年)	扶贫开发模式与农村最低生活保障制度并行阶段(2011—2020年)	精准扶贫阶段
社会救济和优抚救济	√	√	√	√	√	√	√
农业合作化	√	√	√	√	√	√	√
家庭联产承包责任制		√	√	√	√	√	√
放开产品价格		√	√	√	√	√	√
双层经营体制		√	√	√	√	√	√
县级瞄准模式			√	√	√	√	√

续表

具体治理方式分类	阶段						
	救济为主的农村扶贫阶段(1949—1977年)	经济体制改革扶贫阶段(1978—1985年)	大规模开发式扶贫阶段(1986—1993年)	扶贫攻坚阶段(1994—2000年)	扶贫开发新阶段(2001—2010年)	扶贫开发模式与农村最低生活保障制度并行阶段(2011—2020年)	精准扶贫阶段
专项扶贫模式			√	√	√	√	√
行业扶贫			√	√	√	√	√
社会扶贫			√	√	√	√	√
科教扶贫				√	√	√	√
贫困村瞄准				√	√	√	√
贫困户瞄准					√	√	√
参与式整村推进					√	√	√
免征农业税					√	√	√
农村最低生活保障制度					√	√	√
移民搬迁					√	√	√
产业扶贫					√	√	√
劳动力转移					√	√	√

续表

具体治理方式分类	阶段						
	救济为主的农村扶贫阶段(1949—1977年)	经济体制改革扶贫阶段(1978—1985年)	大规模开发式扶贫阶段(1986—1993年)	扶贫攻坚阶段(1994—2000年)	扶贫开发新阶段(2001—2010年)	扶贫开发模式与农村最低生活保障制度并行阶段(2011—2020年)	精准扶贫阶段
连片特困地区						✓	✓
扶贫标准以下具备劳动能力的农村人口瞄准模式						✓	✓
实施精准扶贫						✓	✓
贫困县全部摘帽评估						✓	✓
国际减贫合作						✓	✓

为解决农村的贫困问题，我国从1982年开始，出台了多项促进农村发展的政策，配合各贫困治理方式的实施，取得了良好的效果。1982—2018年农村政策情况如表4-2所示。

表4-2　**1982—2018年农村政策情况**

时间	文件名称	主题	主要内容
1982	全国农村工作会议纪要	对迅速推开的农村改革进行了总结	文件明确指出包产到户、包干到户或大包干“都是社会主义生产责任制”“不同于合作化以前的小私有的个体经济，而是社会主义农业经济的组成部分”
	关于认真做好扶助农村贫困户工作的通知	进一步做好农村扶贫工作	民政、财政、农业、商业、教育、卫生等有关部门有计划地扶助农村贫困户发展生产

续表

时间	文件名称	主题	主要内容
1983	当前农村经济政策的若干问题	家庭联产承包责任制	从理论上说明了家庭联产承包责任制“是在党的领导下中国农民的伟大创造，是马克思主义农业合作化理论在我国实践中的新发展”
	第八次全国民政会议纪要	解决了民政工作中一些带根本性的问题	民政部门要通过做好主管的工作，发展社会主义民主，维护社会主义法制、改善优抚、救济对象的生活，促进社会福利事业的发展；加强军政军民团结，建设新型的人与人之间的关系，调动一切积极因素，为实现党和国家在新时期的总任务服务
1984	关于1984年农村工作的通知	稳定和完善家庭联产承包责任制	文件强调要继续稳定和完善家庭联产承包责任制，规定土地承包期一般应在15年以上，生产周期长的和开发性的项目，承包期应当更长一些
1985	关于进一步活跃农村经济的十项政策	对粮棉开始实行计划经济	取消了30年来农副产品统购派购的制度，对粮、棉等少数重要产品采取国家计划合同收购的新政策
1986	关于1986年农村工作的部署	肯定了农村改革的方向	文件肯定了农村改革的方针政策是正确的，必须继续贯彻执行
2004	中共中央 国务院关于促进农民增加收入若干政策的意见	促进农民增收，解决农民增收困难问题	集中力量支持粮食主产区发展粮食产业，促进种粮农民增加收入；发展农村二、三产业，拓宽农民增收渠道；改善农民进城就业环境，增加外出务工收入；发挥市场机制作用，搞活农产品流通；加强农村基础设施建设，为农民增收创造条件等
2005	中共中央 国务院关于进一步加强农村工作提高农业综合生产能力若干政策的意见	提高农业综合生产能力	要稳定、完善和强化各项支农政策，切实加强农业综合生产能力建设，继续调整农业和农村经济结构，进一步深化农村改革，努力实现粮食稳定增产、农民持续增收，促进农村经济社会全面发展

续表

时间	文件名称	主题	主要内容
2006	中共中央 国务院关于推进社会主义新农村建设的若干意见	社会主义新农村建设	要完善强化支农政策，建设现代农业，稳定发展粮食生产，积极调整农业结构，加强基础设施建设，加强农村民主政治建设和精神文明建设，加快社会事业发展，推进农村综合改革，促进农民持续增收，确保社会主义新农村建设有良好开局
2007	中共中央 国务院关于积极发展现代农业扎实推进社会主义新农村建设的若干意见	发展现代农业，推进社会主义新农村建设	发展现代农业是社会主义新农村建设的首要任务，要用现代物质条件装备农业，用现代科学技术改造农业，用现代产业体系提升农业，用现代经营形式推进农业，用现代发展理念引领农业，用培养新型农民发展农业，提高农业水利化、机械化和信息化水平，提高土地产出率、资源利用率和农业劳动生产率，提高农业素质、效益和竞争力
2008	中共中央 国务院关于切实加强农业基础设施建设进一步促进农业发展农民增收的若干意见	农业基础设施建设	按照统筹城乡发展要求切实加大“三农”投入力度，巩固、完善、强化强农惠农政策，形成农业增效、农民增收良性互动格局，探索建立促进城乡一体化发展的体制机制，并制定一系列政策措施。加强以农田水利为重点的农业基础设施建设是强化农业基础的紧迫任务
2009	中共中央 国务院关于促进农业稳定发展农民持续增收的若干意见	维持农业稳定发展，保证农业持续增收	必须切实增强危机意识，充分估计困难，紧紧抓住机遇，果断采取措施，坚决防止粮食生产滑坡，坚决防止农民收入徘徊，确保农业稳定发展，确保农村社会安定。千方百计保证国家粮食安全和主要农产品有效供给，千方百计促进农民收入持续增长，为经济社会又好又快发展继续提供有力保障

续表

时间	文件名称	主题	主要内容
2010	中共中央 国务院关于加大统筹城乡发展力度进一步夯实农业农村发展基础的若干意见	加大统筹城乡发展力度	为应对农业发展矛盾，要求健全强农惠农政策体系，推动资源要素向农村配置；提高现代农业装备水平，促进农业发展方式转变；加快改善农村民生，缩小城乡公共事业发展差距；协调推进城乡改革，增强农业农村发展活力等
2011	中共中央 国务院关于加快水利改革发展的决定	加快水利改革发展	把水利作为国家基础设施建设的优先领域，把农田水利作为农村基础设施建设的重点任务，把严格水资源管理作为加快转变经济发展方式的战略举措，大力发展民生水利，努力走出一条中国特色的水利现代化道路
2012	中共中央 国务院关于加快推进农业科技创新持续增强农产品供给保障能力的若干意见	强调农业科技创新的重要地位	文件强调要依靠科技创新驱动，引领支撑现代农业建设，重点强调抓好种业科技创新
2013	中共中央 国务院关于加快发展现代农业进一步增强农村发展活力的若干意见	加大强农惠农富农政策力度，着力构建新型农业经营体制	要求构建集约化、专业化、组织化、社会化相结合的新型农业经营体系。尊重和保障农户生产经营的主体地位，培育和壮大新型农业生产经营组织。必须健全农村集体经济组织资金资产资源管理制度，依法保障农民的土地承包经营权、宅基地使用权、集体收益分配权。用5年时间基本完成农村土地承包经营权确权登记颁证工作；加快推进征地制度改革
2014	中共中央 国务院关于全面深化农村改革加快推进农业现代化的若干意见	体制机制改革	坚决破除体制机制弊端，坚持农业基础地位不动摇。“完善国家粮食安全保障体系”，对粮食主销区种粮的规定为，加大力度落实“米袋子”省长负责制，进一步明确中央和地方的粮食安全责任与分工，主销区也要确立粮食面积底线、保证一定的口粮自给率。提出了“目标价格”试点的具体方案，突出市场作用。与以往收购价格相比，目标价格的形成完全是由市场的供给关系决定的

续表

时间	文件名称	主题	主要内容
2015	中共中央 国务院关于加大改革创新力度加快农业现代化建设的若干意见	新常态下加大改革创新力度加快农业现代化建设	强调“可持续”，传递发展现代农业的明确信号，即促进农产品供给由注重数量增长向总量平衡、结构优化和质量安全并重转变；促进农业发展由主要依靠资源消耗向资源节约型、环境友好型转变；促进农业生产条件由主要“靠天吃饭”向提高物质技术装备水平转变；促进农业劳动者由传统农民向高素质职业农民转变
2016	中共中央 国务院关于落实发展新理念加快农业现代化实现全面小康目标的若干意见	供给侧结构性改革	“十三五”时期要用发展新理念破解“三农”新难题，厚植农业农村发展优势，加大创新驱动力度，推进农业供给侧结构性改革，加快转变农业发展方式，保持农业稳定发展和农民持续增收，走产出高效、产品安全、资源节约、环境友好的农业现代化道路，到2020年实现全面小康
2017	中共中央 国务院关于深入推进农业供给侧结构性改革加快培育农业农村发展新动能的若干意见	深入推进农业供给侧结构性改革	坚持新发展理念，协调推进农业现代化与新型城镇化，以推进农业供给侧结构性改革为主线，围绕农业增效、农民增收、农村增绿，加强科技创新引领，加快结构调整步伐，加大农村改革力度，提高农业综合效益和竞争力，推动社会主义新农村建设取得新的进展，力争农村全面小康建设迈出更大步伐
2018	中共中央 国务院关于实施乡村振兴战略的意见	对实施乡村振兴战略进行了全面部署	从提升农业发展质量、推进乡村绿色发展、繁荣兴盛农村文化、构建乡村治理新体系、提高农村民生保障水平、打好精准脱贫攻坚战、强化乡村振兴制度性供给、强化乡村振兴人才支撑、强化乡村振兴投入保障、坚持和完善党对“三农”工作的领导等方面进行部署

续表

时间	文件名称	主题	主要内容
2018	农业农村部关于大力实施乡村就业创业促进行动的通知	促进乡村就业创业	动员各方力量，整合各种资源，强化各项举措，通过壮大产业、培育主体、搭建平台、推进融合，支持和鼓励更多返乡下乡本乡人员就业创业，努力形成创新促创业、创业促就业、就业促增收的良好局面
2018	农村人居环境整治三年行动方案	改善农村人居环境，建设美丽宜居乡村	实施乡村振兴战略，坚持农业农村优先发展，坚持绿水青山就是金山银山，顺应广大农民过上美好生活的期待，统筹城乡发展，统筹生产生活生态，以建设美丽宜居村庄为导向，以农村垃圾、污水治理和村容村貌提升为主攻方向，动员各方力量，整合各种资源，强化各项举措，加快补齐农村人居环境突出短板，实现全面建成小康社会目标

2001 年以来，我国中央财政扶贫资金有了显著的增加，从 2001 年的 100 亿元增加到 2017 年的 861 亿元，2018 年将达到 1061 亿元。2019—2020 我国预计还将有 3000 多亿元资金投向易地扶贫搬迁。① 实际上，对欠发达地区的基础设施、交通、教育、卫生等领域的财政投入也成为“事实上”的扶贫资金。这些资金的范围远远要比“发展资金、以工代赈资金和少数民族发展资金”三项“概念上”的专项扶贫资金宽得多。2001—2018 年我国中央财政扶贫资金情况如表 4-3 所示。

表 4-3　**我国中央财政扶贫资金情况(2001—2018 年)**

年份	扶贫金额(亿元)	同比增长(%)
2001	100	
2002	106	6.0
2003	114	7.5

① 国务院扶贫办：我国现行贫困标准已高于世行标准，http://bbs1.people.com.cn/post/1/1/2/153175372.html.

续表

年份	扶贫金额(亿元)	同比增长(%)
2004	122	7.0
2005	130	6.6
2006	137	5.4
2007	144	5.1
2008	167	16.0
2009	197	18.0
2010	223	13.2
2011	272	22.0
2012	332	22.1
2013	394	18.7
2014	433	9.9
2015	461	6.5
2016	661	43.4
2017	861	30.3
2018	1061	23.2

注：中华人民共和国财政部，http：//www.mof.gov.cn/index.htm.

4.5 小结

(1)国外针对收入贫困、能力贫困、权利贫困、多维贫困问题提出了相应的贫困治理理论。

(2)我国开发式扶贫和社会保障相结合、专项扶贫和行业扶贫、社会扶贫相结合、外部支持与自力更生相结合是最优选择。

(3)我国贫困治理理论主要是领导人对实践工作的总结与提炼。国外重视教育投资以开发贫困地区的人力资源，建立健全社会福利及救助制度，保障贫困群体的基本生活。我国扶贫政策主要包括：农村政策、区域政策、农村社会保障政策等。我国贫困治理政策体系由预防性政策、救济性政策和开发性政策组成。预防性政策指防止贫困发生或降低贫困发生概率的政策；救济性政策指当贫困确实发生后减少其负面影响和损害的政策；开发性政策指消除贫困者的脱贫障碍、增加脱贫机会的政策。中国扶贫方式可分为：开发式、参与式，以及实施社会保障政策和惠农政策。

(4)我国贫困治理战略处在不断调整过程中，依据战略要求和我国农村的经济、社会、历史条件变化，贫困治理不同历史阶段的战略目标、对象、方式各不相同。

5 理论研究之三：确定评估指标体系与评估方法的理论分析

5.1 效率评估、绩效评估与效果评估

1. 效率评估、绩效评估、效果评估比较

贫困治理效果评估一般分为三类，即效率评估、绩效评估、效果评估。

(1)效率评估。效率是投入与产出的关系，是单位投入创造的产出。

(2)绩效评估。绩效包括经济之外的多项内容。如政府绩效包括经济绩效、社会绩效、政治绩效等内容。

(3)效果评估。有许多公共产品或服务在性质上难以界定和量化，效果成为衡量公共服务的重要指标。效果指产出对最终目标所作贡献的大小。效果关注的是“情况是否得到改善”，是实现标的的程度，通常可以用产出结果与政策目标的要求相比较进行判断，效果关心的是“目标或结果”，效果评估的是现状的改变程度或幅度。如福利状况的改变程度、使用者满意程度、政策目标的实现程度等。效果评估也是对执行能力的评估。

贫困治理效果评估是根据评估标准，按照规定程序，通过定量定性对比分析，对某贫困治理方式在一定时期内的效果做出客观、公正、准确的评判过程。

社会目标、无形目标和长远目标等多元目标的选择会受价值观和权力因素干扰。不同的目标选择会导致不同的评估结论。因此，选择评估方法对贫困治理效果评估很重要。

贫困治理方式类型多，有些治理方式的“投入”难以界定和量化，贫困治理的目标多，涉及政治、经济、社会、法律、权力、能力等多个目标，只能进行效果评估，目标是评估对象贫困改变程度或幅度。评估由前期准备(确定评估项目、制订评估方案)、评估实施和结果采用三个步骤组成。

2. 主观与客观评估、定性与定量评估、专项评估比较

(1)主观与客观评估、定性与定量评估

根据贫困治理效果评估依据，可分为主观评估法和客观评估法。

主观评估是以评估者主观判断为依据的评估，客观评估是以客观事实为依据的评估。在实际应用中一般采用主观与客观评价结合的方法。

(2)定性评估与定量评估

根据贫困治理效果评估手段，可分为定性评估法和定量评估法。

定性评估主要针对的是那些难以用数量关系进行描述和评估的对象，如判断贫困治理方式是否符合相关政策、法律法规等。定量评估是通过数据分析和数量关系对比，判断评估对象的绩效优劣程度。

定量评估法能够简单地对结果进行解释，易于理解、比较，可确定规模、水平。定性评估法是对项目实施前后的绩效状况的简单描述性评估，用于假设或确定变量，指明方向及其趋势，但不能描述广度和深度。定性评估是定量方法的先前步骤，如除贫困治理外的其他因素也会影响贫困状态，简单的描述性统计没有控制其他变量因素的影响，需要对可观测和不可观测的影响因素进行控制，并从评估结果中分离。

定性方法主要有：公众评判法、标杆管理法、综合指标法和系统分析法。

定量方法主要有：成本效益法、多元回归分析法、投入产出法和综合指标法。

在贫困治理效果评估中一般采用定性与定量结合的方法。不同的贫困治理方式需要选择不同的评估方法，每种方法都不是完美无缺的，需要尝试多种方法的综合应用以便取长补短。评估方法选择决定了指标体系的设计，指标体系的设计决定了数据收集的类型与收集方式。而贫困治理效果评估方法选择取决于评估的目的。没有一种评估方法能够适用所有的贫困治理项目评估，评估方法的改善可以通过随机事项与数量方法的结合以及实验方法和非实验方法的结合来实现，项目评估参数选择依赖于政策的取向。①

① 2000年亚洲开发银行资助的中国社会科学院“社会评估能力建设”项目，将消除贫困、社会性别、少数民族群体和非自愿移民作为投资项目关注的重要内容。

(3)贫困治理效果的其他评估

贫困治理效果评估分为：正式评估和非正式评估、内部评估和外部评估、事前评估、执行评估和事后评估；“事前”评估主要用于对贫困治理方式的社会影响评估，“事后评估”主要用于重大的公共政策的贫困影响评估。

贫困治理效果评估还包括对贫困治理方式的“专项评估”，如对扶贫资金使用评估、NGO反贫困效果评估、参与式反贫困效果评估等单一贫困治理方式的效果评估。

3. 本研究评估方法选择的基本思路

本研究认为：

(1)贫困治理效果评估是对治理方式的效果进行评估。效果的程度度量需要对初期和末期进行“比较”，或设计没有实施贫困治理的样本与实施贫困治理的样本进行“对照”。由于我国贫困治理已经全面开展，不可能选择没有实施贫困治理的“对照样本”，选择非贫困对象(贫困地区、连片特困地区、贫困县、贫困村、贫困群体与贫困个体)进行比较没有意义。因此，本研究主要选择初期和末期进行比较的方法。

(2)贫困治理的对象有差异，效果评估的方法选择也有差异。我国当前主要对贫困地区(连片特困地区)、贫困县、贫困村、贫困群体与贫困个体实施贫困治理。因此本研究在贫困治理效果评估方法选择上，也因对象不同而选择不同的评估方法。本研究将针对不同的评估对象，适时选择主观与客观评估、定性与定量评估、专项评估的方法。

5.2 贫困治理效果评估方法比较研究

1. 贫困治理效果评估方法总结

常用的贫困治理效果评估方法主要有：成本效益法、“反事实”法、公共政策实施效果评估法、主观评价法、国际组织与机构的评估方法、综合指标评分法、计量回归法、因子分析法、数据包络分析法以及其他评估方法。

(1)成本效益法

成本效益法是对各种管理模式的成本效益进行分析，并选择成本低、效益高的模式。该方法以效益大于成本为原则，对项目预期效益与成本进行比较。成本效益法的步骤包括：确定绩效目标、分析成本和效益、测算成本(贴现成本)和效益、选择决策标准、取得评估结果。但当成本和收益无法量化时，评估结果的正确性会受影响。

有学者采用成本效益法对单一治理方式进行了评估。设贫困治理成本包括投资成本和管理成本。投资成本指确定贫困治理方式的研究成本。管理成本指贫困治理中的引导、服务成本，不包括具体贫困治理投资。效果是指贫困治理后预期效果，包括经济和社会两方面。建立虚拟贫困治理成本效益模型：①投资成本效益指数=实施后十年预期财政税收总和/研究模式成本；②行政成本效益指数=实施后十年预期财政税收总和/政府推广模式开支；③总成本效益指数=实施后十年预期财政税收总和/(研究模式成本+政府推广模式开支)；成本效益指数高则治理方式可行程度高。根据模拟实验计算，投资成本效益指数一般应大于1，行政成本效益指数一般应大于1。社会效益指数=实施该模式同期全社会预期利润总和/实施该模式同期全国预期财政税收总和。

(2)"反事实"法

"反事实"法是采用"反事实"值进行效果评估的方法，通过比较实施治理与没有实施治理群体(地区)的贫困状态得出贫困治理效果。"反事实"法需要估计"反事实"值。"反事实"值指在其他条件不变的情况下，假设某个群体(地区)未实施治理时的观测值。基本思路是利用横截面单元间的相关性构建"反事实"对照样本，从而估计"反事实"值。利用面板数据的检验不仅能提供实施前后的表现，还能对比同时期没有实施贫困治理群体(或地区)的状态，从而得出实施效果。"反事实"法的时间序列信息可分析长期效果，如效果逐渐消失、趋于稳定、爆发性增长等问题。"反事实"法有参数法和非参数法。参数法从理论上分析评估变量的影响因素，如可观测变量、政策实施、随机成分的概率分布等。参数法可同时处理可观测变量和不可观测变量，缺点是对数据量的需求较大，且结果依赖于模型假设的正确性。非参数法减少了对数据的需求量但存在样本选择问题。典型的非参数方法有倾向性分析法、双重差分法和断点回归法等。Hsiao 等用面板数据中存在的横截面相关性估计"反事实"值。

学者们采用"反事实"法对政策执行效果进行了评估。有学者利用虚拟变量法和政策效应评估法研究了日本系列刺激经济政策的效果，认为刺激经济政策没有将 GDP 提升到预期水平，每年 GDP 实际值与“反事实”值间仅有 6.14 万亿日元的差距。研究采用 1995 年日本大地震的面板数据，分析认为 1995—1998 年的灾后恢复政策具有刺激作用，1999—2000 年灾后负面影响要远小于预期估计。“加拿大-美国自由贸易协定(FTA)”使加拿大的经济短期调整但长期获益，FTA 在调整期内使实际 GDP 增长率和劳动生产率分别下降 2.56%、0.62%，但调整期后，FTA 产生了正向且持续的影响效应，使加拿大的实际 GDP 增长率和劳动生产率分别为 1.86%、2.39%。① 有学者通过对比波动率的真实值与“反事实”值，认为我国融资融券制度可有效降低其标的个股波动率，但融资交易与融券交易对股市波动率的影响具有非对称性，融资交易可降低股市波动率，而融券交易却加剧了股市波动率。② 有学者采用“反事实”法，对湖北省扶贫开发研究现状及政策效应进行了分析。③ 首先分析《国家八七扶贫攻坚计划》实施以前(1978—1993 年)湖北省与作为控制组的其他 9 个省市的拟合情况。以湖北省农村居民人均纯收入作为因变量，控制组 9 个省市的农民人均纯收入作为自变量，使用 spss 软件进行线性回归拟合。

研究结论是：地方财政支出、社会固定资产投资和人均受教育年限与政府扶贫开发的政策效应正相关，且均在 5%水平下显著，假设得到了验证。因而可以通过加大扶贫的政府财政支出、改善贫困地区的基础设施建设、提高农民的综合素质来提高扶贫开发的政策效应。

有学者采用“反事实”法分析了《国家八七扶贫攻坚计划》执行中公共支出项目的政策效果。④ 基于面板数据的政策效应评估方法，他们分别选取贵州、甘肃、内蒙古及河北四省区各县 1978—2012 年的样本数据，具体考察了《国家八七扶贫攻坚计划》对各贫困县的政策效应，结果表明各省区总体实施绩效均比较显著。在选取的 158 个贫困县中有 61%的贫困县的政策效应具有长期持续性。《国家八七扶贫攻坚计划》实施之初的政策效应均不显著，具有一定的滞后性。甘肃省各贫困县政策效应的年际变化波动幅度较小，实施绩效显著且稳

---

① Zheng B. Statistical inference for poverty measures with relative poverty lines[J]. Journal of Econometrics, 2015, 101(2).

② 陈海强，范云菲. 融资融券交易制度对中国股市波动率的影响——基于面板数据政策效应评估方法的分析[J]. 金融研究，2015(6).

③ 杜为公，王静. 湖北省大型扶贫计划的政策效应研究：基于“反事实”思想的实证分析[J]. 农林经济管理，2017(5).

④ 王艺明，刘志红. 大型公共支出项目的政策效果评估：以“八七扶贫攻坚计划”为例[J]. 财贸经济，2016(1).

定；贵州省的短期政策效应相对平稳，而长期效应趋于不稳定且逐渐减弱；内蒙古及河北省的短期及长期政策效应均不稳定。初期农民人均纯收入和人均财政支出对政策效应具有显著影响。

(3)公共政策实施效果评估法

贫困治理政策属于公共政策，可采用公共政策分析理论评价其实施效果。采用公共政策是贫困治理的主要方式之一。公共政策评价结果决定了政策的延续、调整、终止。公共政策实施效果分析包括：公共政策制定与通过、内容与实施、公共政策效果评价、公共政策分析。公共政策评价标准包括投入工作量、绩效、效率、充分性、公平性、适当性、执行力、社会发展总指标等指标。①

公共政策评价方法有：简单前后对比分析、投射和实施后对比分析、有无对比分析、控制对象、实验对象对比分析。"简单前后对比分析"和"控制对象、实验对象对比分析"是常用的分析方法，"有无对比分析"排除了非公共政策因素的作用，能够较精确地测度政策效果，是测量政策影响效应的主要方法。② 具体评估思路如图 5-1 所示。

图 5-1 是对控制对象、实验对象对比分析的解释。图中 A_1，B_1 分别表示贫困治理前实验组和控制组的情况，A_2，B_2 分别为治理后实验组和控制组的情况，两组情况对比即是公共政策的效果。

(4)主观评价法

主观评价是贫困治理对象对自己参与贫困治理的感知反映，是自身贫困状

① 其中：①投入工作量。在政策执行过程中所投入的各种资源的质与量以及分配状况。②绩效。依据具体明确的目标，公共政策对客观事物与环境所造成的实际影响，绩效既包括政策推动的结果，又包含民众心中认定的满意程度。③效率。即投入工作量与绩效之间的一种比例关系。④充分性。即满足人们需要、价值或机会的有效程度，它反映了绩效的高低。⑤公平性。即公共政策所投入的工作量以及产生的绩效在社会不同群体间公平分配的程度。⑥适当性。即公共政策目标和所表现出的价值偏好，以及所依据的假设是否合适。具体地说，公共政策追求的目标是不是社会期望的，公共政策的成本与收益分配是否公平、公正。⑦执行力。即探求影响公共政策失败的原因，进而进行因果模型的构建。⑧社会发展总指标。即对社会状态与发展的数量进行描述与分析，既反映过去的动向，又可作为社会现状的说明，其特征是以描述性指标为主。

② 在计量经济学中常被称为"双重差分模型"。

况变化的直接感受。主观评价法的基本思路如图 5-2 所示。

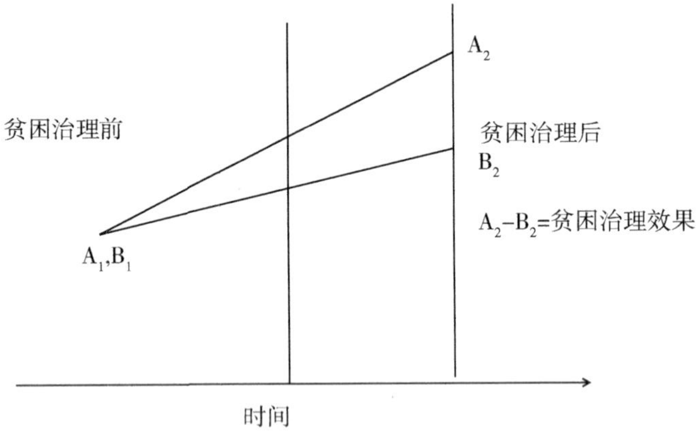

图 5-1　控制对象、实验对象对比分析示意图

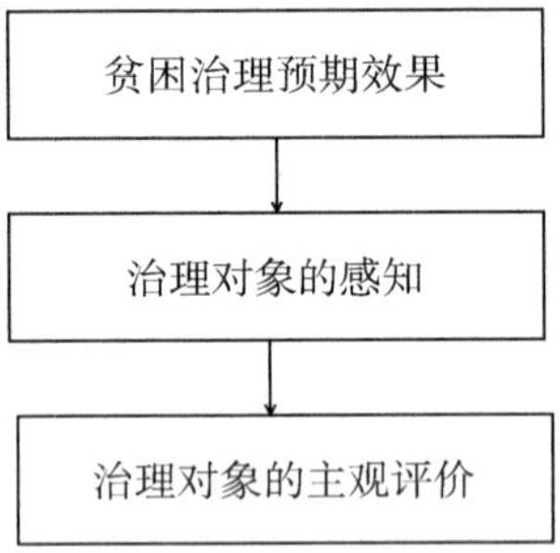

图 5-2　贫困治理受益者主观评价流程图

主观评价法是采用贫困治理受益者满意度等软指标进行评价，是贫困人口确定贫困治理满足自身需求的程度，并与预期感知比较的评价方法。贫困治理是政府等贫困治理主体提供的“公共产品”，产品是否合格的评判者是“消费者(贫困人口)”而不是“供给者(贫困治理实施者)”。贫困人口具有知觉能力，其满意度与贫困治理效果显著相关。主观评估是贫困治理效果评价的重要方法。

主观评价法强调评估主体选择，可以促进政府绩效评估的透明性、民主性和有效性。采用公众评判法可克服评估的价值扭曲，防止“政绩工程”的出现。现行评估以官方评估、上级机关对下级的评估为主，缺乏社会公众等社会性评估，评估主体单一。公众参与评估中公众是评估者，社会团体和学术组织提供支持。内部评估是政府自身的评估，包括政府机关的自我评估和专门评估。外部评估指政府机关以外的评估主体的评估，包括政党评估、国家权力机关和社会评估。

有学者采用主观评价法，对政策实施效果进行了评估。他们对美国洛杉矶大都会区警察、公园等公共服务项目的客观绩效与公众主观评价进行了研究。结果表明满意度受到期望和感知因素变量的影响显著。如美国公众满意度指数模型被用来评估公众对政府服务的满意度，从公众参与角度研究公共服务价值的提升途径。

(5)国际组织与机构的评估方法

世界银行提出评估需要回答如下问题：为什么要实施项目(目标)？项目将要实现什么(影响)？项目的执行范围(产出)？需要执行哪些关键的活动(方式)？需要哪些资源实现项目的执行(投入)？影响项目成败的潜在因素有哪些(风险)？基于什么样的假设设计项目(预期目标)？应该如何进行检验(数据与方法)？世界银行确定了评估思路，包括目标、影响、产出、投入、风险以及评估所需的数据和方法。世界银行的绩效评估从经济、社会和环境三个层面的指标进行评估，并重视评估项目可持续性。亚洲发展银行的评估围绕项目所产生的经济效益、社会影响、环境影响，内容包括效果与目标的相关性、资源配置效率、项目产出的实现程度和项目的可持续性等，涉及从资金分配到使用再到支出效果的过程。

(6)综合指标评分法

综合指标评分法是采用多层次的定性与定量指标体系，并根据各个指标权重来确定效果等级的方法。指标体系中各指标权重的确定一般采用德尔菲法，指标参考标准按单项指标分别设定，各项指标都分为优(A)、良(B)、中(C)、差(D)四个等级，每个等级系数分别为100、75、50、25。

定量指标评价值采用指数法确定：

正向单项指标指数=某指标的实际值/该指标的标准值(%)

逆向单项指标指数=某指标的标准值/该指标的实际值(%)

定性指标评价值采用民主判断法确定：

单项指标分数=每位评议专家选定等级系数之和/评议专家总人数

综合指标评分法的函数表达式为：

$$y = \left(\sum v_j r_j\right) w_i$$

其中：y 表示总得分即综合评价值；v_j 表示某单项指标的得分即单项指数；r_j 表示单项指标在层次下的权数；w_i 表示各评价因素的权数。

根据给定的各指标评价值和各类指标权重，逐步逐层计算出综合评价值，根据综合评价值，可以确定等级，具体如表 5-1 所示。

表 5-1　**综合指标评分法的级别设置与说明**

等级	下限	上限	级别说明
AAA	90	100	绩效极好
AA	80	89	绩效优良
A	70	79	绩效较好
BBB	60	69	绩效一般
BB	50	59	绩效欠佳
B	40	49	绩效较差
CCC	30	39	绩效很差
CC	20	29	绩效太差
C	0	19	无绩效

有学者设计的评价指标体系主要包括投入、产出、成果、影响四大类基本指标，能够综合反映扶贫对象在经济、社会、政治、环境方面所受到的影响。①

经济维度选择反映减贫情况及经济发展水平的指标，包括"恩格尔系数""贫困发生率""贫困深度指数""基尼系数""扶贫投入产出对农业增长的贡献""扶贫投入产出对贫困户收入的贡献"(见表 5-2)。

① 朱乾宇．政府扶贫资金投入方式与扶贫绩效的多元回归分析[J]．中央财经大学学报，2004(7)．

表 5-2　　评估指标体系(经济维度)分析

评估内容	评估指标	权重	标准值
经济维度(0.15)	恩格尔系数	0.22	>0.59
	贫困发生率	0.18	>0.05
	贫困深度指数	0.09	>0.03
	基尼系数	0.06	>0.35
	扶贫投入产出对农业增长的贡献	0.10	>0.30
	扶贫投入产出对贫困户收入的贡献	0.35	>0.67

社会维度选择反映当地教育状况及性别敏感的指标，包括“贫困户家庭小学辍学率”“贫困户家庭初中辍学率”“贫困户儿童接种疫苗率”“贫困户最高劳动力文化程度”“贫困户儿童营养不良率”“贫困户地方病、常见流行病发病率”“贫困户大病、慢性病人口比重”“贫困户大病、慢性病就医率”“参加商业保险的贫困户比重”。

政治维度选择反映贫困群体话语权、参与权及决策权、社区稳定及村级基层自助组织建设等方面的指标，包括“村中治安、刑事案件起数”“群体事件起数”“农民权益纠纷起数”“集体上访人次”“村级事务公开满意度”“对中央有关农村整体政策的满意度”。

环境维度选择能较好反映或影响当地自然环境变化的指标，包括“因灾返贫农户比率”“自然灾害发生频率”“生态环境质量满意度”。

影响类指标主要基于对扶贫战略的评价。背景性因素指标包括“贫困村户的地理条件、自然条件、基础设施、生产条件和基本社会条件”以及“非扶贫系统有关农村发展政策的投入”。

(7)计量回归法

计量回归方法是将效果作为因变量、投入作为自变量构建一元或多元回归模型进行评估的方法。一般将减贫率、收入增长率、基本保障改善等作为因变量，将贫困治理资金投入作为自变量。如通过建立中央贫困治理投资效果指标体系，分别从贫困治理资金投向和贫困治理资金的构成来评估贫困治理资金投入对贫困地区发展效应所产生的影响。有学者评估了财政贫困治理资金投向投量，认为贫困治理资金投入增加对提高农业生产总值和农民纯收入、降低农村贫困人口数和贫困比例都具有非常明显的绩效。

多元回归分析法是确定多个影响因素的相关关系及其重要程度的方法，据此可在贫困治理过程中进行调整，以达到最佳效果。该方法根据一个或多个变量值，预测或控制另一个变量值，并确定预测或控制的精度来进行因素分析。

有学者采用计量回归法进行了分析研究。如对1986—2005年农业总产值、农民人均纯收入、农村贫困数量、农村贫困人口占农村人口比例、政府扶贫资金投入数量、贴息贷款数量、以工代赈资金投入数量、发展基金资金投入数量间的关系进行了回归分析。① 结果表明，扶贫资金的投入对促进农业发展、提高农民收入影响显著；以工代赈影响显著；贴息贷款和发展基金效果不明显。

有学者以贫困治理资金投入总额作为因变量，以贫困发生率、人均纯收入增长率、五等分组人均纯收入增长率作为自变量构建了一元线性回归模型。结果显示，重点县贫困治理资金总投入对于选取的各自变量的影响显著。自变量贫困发生率的回归系数为负，通过显著性水平检验，表明随着贫困治理资金投入增长贫困发生率下降。人均收入增长率通过了显著性水平检验，且系数为正，贫困治理资金的影响较为显著。将贫困治理资金总额与低收入组、次低收入组、中等收入组、次高收入组、高收入组分别进行回归，结果显示，贫困治理资金对于低收入组的人均收入增长的影响程度最大，按照收入组别由低到高递减，说明贫困治理资金的投入对于贫困人口增收尤其是低收入人群的增收是有效果的。

有学者采用多元回归模型的方法进行贫困治理效果评估。多元回归模型主要是基于农户的个人、家庭等特征来估计农户的贫困情况并进行研究。多元回归中的因变量一般为贫困地区农户的年度家庭人均消费支出，并取对数。原因是：个人更偏好于从时间上平滑其消费趋势，支出年度波动小于收入的年度波动。因此相对于收入，支出可以更好地衡量当期和长远的福利水平。样本住户生产成本如果高于产出，收入就为负值。②

(8)因子分析法

因子分析法是分类观测变量的方法，将关联性高的变量设定为一个公因

① 朱乾宇．政府扶贫资金投入方式与扶贫绩效的多元回归分析[J]．中央财经大学学报，2004(7)．

② 汪三贵，Albert Park．中国农村贫困人口的估计与瞄准问题[J]．贵州社会科学，2010(2)．

子，代表着一个互相之间关联性较低的基本结构。因子分析法采用少数因子描述众多指标间的关系，少数的具有代表性的因子表述原始资料中的数量关系。当主因子解得到的各主因子代表变量不突出时，可借助适用的因子旋转得出满意的主因子解。因子分析的基本步骤是：检测分析对象的原变量是否适合进行因子分析、构建因子变量、利用旋转法使原本不显著的因子更具可解释性、计算因子得分并排排序。具体分析的基本步骤是：采用 KMO 值及球形检验分析该数据能不能进行因子分析，将指标数据进行标准化处理，对选取的指标进行主成分提取，即确定因子、采用正交旋转法提取公因子、根据旋转后获得的公因子的方差贡献率以及因子得分计算客观绩效总值。

(9) 数据包络分析法

数据包络分析法是采用数学规划模型，计算、比较决策单元之间的相对效率。该方法无须事先设定各指标的权重参数，以方案的各"输入""输出"指标的权重为变量，避免了主观因素的影响，提高了评价的可靠性。在研究"多投入、多产出"的生产函数时，由于不需要预先估计参数，可以避免主观因素的影响、简化算法和减少误差。

有学者采用这一方法对贫困治理资金投入效率进行了评估。投入指不同来源的贫困治理资金，包括中央贫困治理贴息贷款累计发放额、中央财政贫困治理资金、省级财政安排的贫困治理资金、利用外资、其他资金等。产出则是我国贫困治理重点县贫困发生率的减少量。通过标准化处理和模型计算后，得到的输出结果可以用来评价不同年份的贫困治理资金的效果。

(10) 其他评估方法

残差分析法。残差分析法将引发贫困状态变化的因素分解为"增长效应""分配效应"和残差。残差可以表述为增长和分配因素不能解释的残余部分。残差数值虽小但理论意义重要，贫困治理效果评估中的残差一般表示由人口结构变动引起的贫困率变动。经济增长影响贫困的广度，收入分配影响贫困的深度和强度，特别是当贫困发生率降低到一定程度后，经济增长对贫困缓解的边际效应开始下降，收入分配因素对贫困治理效果作用明显。增长和分配因素是贫困变化的主要原因，但当增长和分配因素效应相互抵消时，人口结构变动则是贫困状态变化的主要原因。但人口结构变动具有长期性的特征，且人口结构变动惯性对贫困治理的作用相对缓慢，需要通过采用发展经济、改善收入分配等方式来缓解贫困。

管理生态学评估法。管理生态学评估法是整体的研究方法，将管理学理论与方法列入管理生态系统进行研究，认为主导管理活动的人和管理环境所构成的整体系统具有一定的生态规律。① 贫困治理行为从方案设计到形成效果，再到评估的过程与生态系统类似。贫困治理效果评估具有管理生态学研究对象的复杂性。评估系统包括既定的经济、政策制度等形成的外部环境子系统、评估和绩效子系统，并通过信息流(数据的传递和反馈等)以及人(或政府)的主导行为形成交互。评估子系统由评估制度、评估主客体、评估方法、评估手段、评估目标等要素组成；绩效子系统由治理方式、资源配置、管理制度、主体参与等各相关要素组成；而每一个要素又都是一个微型的系统，从而整个评估体系是复杂的系统网络，并通过交互和网络连接形成整体平衡。

超效率模型法。超效率模型法的基本思想是在对第 i 个决策单元效率进行评价时，使其他所有决策单元的投入和产出的线性组合替代该决策单元的投入和产出，而将第 i 个决策单元排除在外。一个有效的决策单元可以在效率保持不变的前提下按照一定比例增加投入，超效率值则是其投入增加的比率。无效率决策单元得到的效率值与模型一致，但相对有效的决策单元的效率值则与模型不同，可以进行排序比较。通过得出的排序结果可对历年贫困治理资金效率进行评价。

2. 贫困治理效果评估方法比较与本研究设想

①成本效益法是粗略的统计方法，适用于不同类型贫困治理方式的优劣对比，目标是选择成本最低、效益最大的贫困治理方式实施。但贫困治理很难确定预期效益，有些效益难以量化，有些效益的体现需要较长周期，短期内无法衡量，该法应与定性评估方法结合使用。

②“反事实”法可以确定贫困的状态，说明影响贫困的主要因素以及治理贫困的具体政策方向。本研究将借鉴这一思路进行贫困治理效果评估与机制设计。

③公共政策实施效果评估法中的“控制对象、实验对象对比分析法”与“反

① 管理生态学是管理学与生态系统学的交叉学科，将整个管理系统看作生态系统或有机体，然后用生态学的观点来探讨整个系统内外各方面关系，包含相互关联的生命体或子系统，以及生命体外部环境和内部环境。管理对象被视作生命体和生态系统，视管理环境为生态环境。通过生态学理论和方法，分析管理系统当中的不同层次与功能、管理环境等以及各要素间的交互关系。

事实”法思路相同，将公共政策执行前的评价对象分为两组，一组为实验组(施加公共政策影响组)，另一组为控制组(不施加公共政策影响组)。然后比较两组在公共政策执行后的情况，以确定公共政策的效果。本研究将借鉴这一理念进行贫困治理效果评估与机制设计。

④主观评价法的结论更切合实际。贫困治理对象比政府更了解实际需求和受益情况，贫困治理对象参与贫困治理评估会影响贫困治理方式选择、资源投入结构和贫困治理过程。贫困治理对象的主观评价指标是重要的评价指标。贫困治理效果的主观与客观描述，以及受益者态度测量备受关注。由于贫困人口对贫困治理的偏好和期望复杂，主观评价与客观效果间不存在单调递增关系。本研究将借鉴这一理念进行贫困治理效果评估与机制设计。

⑤综合指标评分法的体系是多维指标体系，涉及经济、社会、文化、政治、人文、环境等。综合指标法采用的数据来自农调、财政、发改、农行等相关系统的指标和数据，并与受扶持对象村、贫困户的数据信息进行比对。综合指标法的体系指标的设置和数据库与国务院扶贫办及有关扶贫监测评价体系相近。抽样调查方法使体系的评价成本较低。但要求选入指标体系的各项指标相对独立，不能代替。指标体系要与评价对象的内涵和结构相符，且要避免形成庞大的指标群或层次复杂的指数。干预变量包括：教育、卫生、农村基础设施、土地与农户开发、劳务输出、乡镇企业、机构建设、项目管理、贫困检测、城市就业。非干预变量包括可能导致贫困状况变化的其他因素。

⑥计量回归法中的多元线性回归等也较为常用。如可借助扩展的生产函数构建多元回归模型，通过考察贫困治理资金的贡献率，分析各类资金投入对贫困治理的作用大小；通过取各弹性系数绝对值并排序，判断资金投入对贫困治理的贡献率，判断贫困治理方式与需求的一致程度，判断贫困治理资金大小与地区发展需求的一致程度。计量回归法能够较为直观地观察贫困治理投入等要素对项目成效的影响程度。

本研究将针对贫困地区(连片特困地区)、贫困县、贫困村、贫困群体与贫困家庭(人口)的贫困治理效果选择不同的评估方法。

5.3 “贫困地区”贫困治理效果评估方法选择

1.“贫困地区”贫困治理效果评估方法选择

“贫困地区(连片特困地区)”贫困治理效果评估是对区域总体效果的评估。

因此在评估方法的选择上，更关注区域总体贫困状态的改变程度。

(1)评估方法与指标体系设计

本研究选择采用“计量回归法”对“贫困地区(连片特困地区)”贫困治理效果进行评估。

评估指标体系设计中的指标既要独立也要统一，既能表述重点也能表达均衡。指标要可度量、可操作、易于收集。指标要可持续监测，即指标间要避免相互包含关系和隐含关系。指标体系要具有可比较性，即贫困治理效果的体系和数据，要能够进行定性与定量方面的对比。缺乏可比性的贫困治理评估就失去了价值和意义。具体内容如表5-3所示。

表5-3 **贫困状态变化的指标体系**

解释变量	贫困状态变化指标
贫困程度变化	贫困发生率、贫困强度指数、贫困深度指数
农民人均纯收入	家庭一年内的净收入
贫困减缓	稳定性返贫率
解释变量	干预行动
教育的改善	小学生入学率、义务教育完成率
农村基础设施改善	打井、灌溉系统
劳务输出	劳动力输出比例变化
控制变量	非干预行动
家庭生产投入的增加	
自然灾害减少	

贫困治理效果评估指标设计考虑了目标导向，反映效果的可持续性。

通过评估指标设计专家问卷调查，访谈贫困治理实施者、受益者和管理者，实地观察、文献查阅、隶属度分析、指标信度和效度分析等方法，确定指标的可监测、可获取程度等。选取评估指标的方法主要包括主观选择法、客观选择法。干预变量包括：教育、卫生、农村基础设施、土地与农户开发、劳务输出、乡镇企业、机构建设、项目管理、贫困检测、城市就业。贫困治理效果评估的关键是分解目标，即通过分解评估目标来形成指标体系，要保证指标与评估目标一致、分解目标与实际情况一致。贫困治理效果指标是多元化的，可通过逐层分解来实现指标的可测性。评估指标包括定性和定量两大类指标。既要对贫困治理最终成效进行评估，也要进行贫困治理过程的监测评估，还要能反映时滞性。

(2)评估结果的表述与讨论

根据贫困地区(连片特困地区)的具体情况，在贫困地区(连片特困地区)中区分 N 个片区，然后分析比较在采用相同贫困治理方式下，不同片区的贫困治理效果。其中选取各片区的贫困发生率、人均收入增长率为评估标准，并与当年连片特困地区的平均值进行比较。具体评估结果可表述为表 5-4 中的内容，然后对表格中的数据进行讨论。

表 5-4　国家贫困地区(连片特困地区)贫困治理效果回归分析结果(示意表)

		贫困治理总投入		
		R^2	系数	显著性
贫困发生率				
人均收入增长率				
N 组数据	第 1 个片区			
	第 2 个片区			
	……			
	……			
	第 N 个片区			

根据自变量贫困发生率的回归系数的“正”“负”，通过显著性水平检验，说明某种治理方式对贫困发生率变化的作用。如通过检验对人均收入增长率的显著性水平，说明效果的显著性情况。对 N 个片区分别进行回归，根据回归系数判断某种贫困治理方式对哪个片区的人均收入增长效果最好，并由此提出提高贫困治理效果的对策建议。

2.“贫困地区(连片特困地区)”贫困治理效果评估的数据选择、问卷设计与收集方法

(1)“贫困地区(连片特困地区)”的数据选择

“贫困地区”贫困治理效果评估指标除包括与贫困治理直接相关的贫困发生率、人均收入增长率外，还要引入反映“贫困地区”的经济发展、社会发展、生态环境、生活质量、民主水平等多个方面的指标进行评估。数据选择要以地区和人口的贫困特征为重要依据，以提高研究的有效性和可行性。

(2)“贫困地区(连片特困地区)”数据调查问卷设计

“贫困地区(连片特困地区)”数据调查问卷设计要明确目标，即要从中发现什么？是否测量了要测量的问题？提出的问题是否简单、清楚，没有歧义？是封闭型问题还是开放型问题？是否有鼓励或暗示？调查问卷所得数据应能进行多元回归分析，并对数据与所得结果的相关性进行检验。

(3)“贫困地区(连片特困地区)”数据的收集方法

收集方法要保证指标体系的科学性、完整性。“贫困地区(连片特困地区)”数据的收集方法主要包括定量调查方法和定性调查方法。

5.4 “贫困县”贫困治理效果评估方法选择

1.“贫困县”贫困治理效果评估方法比较与修正

“贫困县”贫困治理效果评估是对县域总体效果的评估。在评估方法的选择上，更关注样本县域贫困状态的改变程度。

(1)评估方法与指标体系设计

“贫困县”贫困治理效果评估方法采用综合指标评分法。

综合指标评分法是采用贫困综合指标法进行评估的方法。标准化数据要切合贫困县的实际情况，不同时间段、不同年度的数据要有变化。

本研究的评价对象是贫困县，研究选择指标平均值的100%作为最好值，正向指标以全省贫困县各指标平均值的70%、40%作为较好值、最差值，逆向

指标则相应变化。如各项指标以湖北省农村居民收入为例，可得农村人均纯收入的最好值、最差值。具体数据如表 5-5 所示。

表 5-5　**2001—2018 年部分年份湖北省农村居民收入情况**　单位：元

年份	农村人均纯收入（实际值）	农村人均纯收入（评估的最好值）	农村人均纯收入（评估的较好值）	农村人均纯收入（评估的最差值）
2001	2352. 2	2352. 2	1646. 5	940. 8
2011	6897. 9	6897. 9	4828. 5	2759. 1
2015	11843. 9	11843. 9	8290. 7	4737. 5
2016	12725. 0	12725. 0	8907. 5	5090. 0
2017	13812. 0	13812. 0	9668. 4	5524. 8
2018	14978. 0	14978. 0	10484. 6	5991. 2

若选择的指标没有相应的数据标准，则视具体情况来确定标准化参数。

“贫困县”贫困治理效果评估时，本研究设想选取贫困治理目标、经济发展目标、社会发展目标和环境发展目标来进行指标标准化参数的选取。

①贫困治理目标。贫困发生率：本研究选择以全省当年平均值的 100%作为最好值，130%为评估的较好值，160%为评估的最差值。具体参数数据收集整理后，可填入表 5-6。

表 5-6　**贫困发生率标准化参数选择表**

指标 \ 年份	2010	2011	2012	2013	2014	2015	2016	2017	2018	2019
全省总人口(万人)										
全省总贫困人口(万人)										
贫困发生率(%)(100%)										
贫困发生率(%)(100%)（评估的最好值）										
贫困发生率(%)(130%)（评估的较好值）										
贫困发生率(%)(160%)（评估的最差值）										

农村人均纯收入：全省平均水平的100%作为最好值，平均水平的70%作为较好值，平均值的40%作为最差值。具体参数如表5-7所示。

表5-7　农村人均纯收入标准化参数选择表

指标＼年份	2010	2011	2012	2013	2014	2015	2016	2017	2018	2019
农村人均纯收入(实际值)										
农村人均纯收入(100%)(评估的最好值)										
农村人均纯收入(70%)(评估的较好值)										
农村人均纯收入(40%)(评估的最差值)										

劳动力转移率：全省平均水平的100%作为最好值，平均水平的70%作为较好值，平均值的40%作为最差值。具体参数如表5-8所示。

表5-8　劳动力转移率标准化参数

指标＼年份	2010	2011	2012	2013	2014	2015	2016	2017	2018	2019
劳动力转移率(实际值)										
劳动力转移率(100%)(评估的最好值)										
劳动力转移率(70%)(评估的较好值)										
劳动力转移率(40%)(评估的最差值)										

年末人均瓦、楼房面积：全省平均水平的100%作为最好值，平均水平的

70%作为较好值，平均值的40%作为最差值。具体参数如表5-9所示。

表5-9　　年末人均瓦、楼房面积标准化参数

指标＼年份	2010	2011	2012	2013	2014	2015	2016	2017	2018	2019
年末人均瓦、楼房面积（实际值）										
年末人均瓦、楼房面积（100%）（评估的最好值）										
年末人均瓦、楼房面积（70%）（评估的较好值）										
年末人均瓦、楼房面积（40%）（评估的最差值）										

掌握一门以上农村实用技术农户比重：全省平均水平的100%作为最好值，平均水平的70%作为较好值，平均值的40%作为最差值。具体参数如表5-10所示。

表5-10　　掌握一门以上农村实用技术农户比重标准化参数

指标＼年份	2010	2011	2012	2013	2014	2015	2016	2017	2018	2019
掌握一门以上技术农户比重（%）（实际值）										
掌握一门以上技术农户比重（100%）（评估的最好值）										
掌握一门以上技术农户比重（70%）（评估的较好值）										
掌握一门以上技术农户比重（40%）（评估的最差值）										

②经济发展目标。人均总收入：全省平均水平的100%作为最好值，平均

水平的70%作为较好值，平均值的40%作为最差值。具体参数如表5-11所示。

表5-11 **人均总收入标准化参数**

年份 指标	2010	2011	2012	2013	2014	2015	2016	2017	2018	2019
人均总收入(实际值)										
人均总收入(100%) (评估的最好值)										
人均总收入(70%) (评估的较好值)										
人均总收入(40%) (评估的最差值)										

总收入增长率：全省平均水平的100%作为最好值，平均水平的70%作为较好值，平均值的40%作为最差值。具体参数如表5-12所示。

表5-12 **总收入增长率标准化参数**

年份 指标	2010	2011	2012	2013	2014	2015	2016	2017	2018	2019
总收入增长率(实际值)										
总收入增长率(100%) (评估的最好值)										
总收入增长率(70%) (评估的较好值)										
总收入增长率(40%) (评估的最差值)										

年末人均拥有家畜：全省平均水平的100%作为最好值，平均水平的70%作为较好值，平均值的40%作为最差值。具体参数如表5-13所示。

表 5-13　　年末人均拥有家畜标准化参数

指标＼年份	2010	2011	2012	2013	2014	2015	2016	2017	2018	2019
年末人均拥有家畜(实际值)										
年末人均拥有家畜(100%)(评估的最好值)										
年末人均拥有家畜(70%)(评估的较好值)										
年末人均拥有家畜(40%)(评估的最差值)										

人均果林面积：全省平均水平的100%作为最好值，平均水平的70%作为较好值，平均值的40%作为最差值。具体参数如表5-14所示。

表 5-14　　人均果林面积标准化参数

指标＼年份	2010	2011	2012	2013	2014	2015	2016	2017	2018	2019
人均果林面积(实际值)										
人均果林面积(100%)(评估的最好值)										
人均果林面积(70%)(评估的较好值)										
人均果林面积(40%)(评估的最差值)										

年末户均固定资产原值：全省平均水平的100%作为最好值，平均水平的70%作为较好值，平均值的40%作为最差值。具体参数如表5-15所示。

表 5-15　　年末户均固定资产原值标准化参数

指标＼年份	2010	2011	2012	2013	2014	2015	2016	2017	2018	2019
年末户均固定资产原值(实际值)										
年末户均固定资产原值(100%)(评估的最好值)										
年末户均固定资产原值(70%)(评估的较好值)										
年末户均固定资产原值(40%)(评估的最差值)										

③社会发展目标。学龄儿童在校率：全省平均水平的100%作为最好值，平均水平的70%作为较好值，平均值的40%作为最差值。

参加合作医疗人口比重：全省平均水平的100%作为最好值，平均水平的70%作为较好值，平均值的40%作为最差值。

用电户比重：全省平均水平的100%作为最好值，平均水平的70%作为较好值，平均值的40%作为最差值。

享受安全用水人口比重：全省平均水平的100%作为最好值，平均水平的70%作为较好值，平均值的40%作为最差值。

通公路人口比重：全省平均水平的100%作为最好值，平均水平的70%作为较好值，平均值的40%作为最差值。

④环境发展目标。果林覆盖率：全省平均水平的100%作为最好值，平均水平的70%作为较好值，平均值的40%作为最差值。

农户拥有沼气池率：年鉴上没有相关或相近的指标，选取沼气池率的100%和70%作为其标准化参数。

根据上述方法，最终选择各年份的各指标的标准化参数。

(2)获取评价指标值表(如表5-16所示)

表 5-16　　评价指标值表

指标＼年份	2010	2011	2012	2013	2014	2015	2016	2017	2018	2019
贫困发生率(%)										

续表

年份 指标	2010	2011	2012	2013	2014	2015	2016	2017	2018	2019
农村人均纯收入(元)										
劳动力转移率(%)										
年末人均瓦、楼房面积(平方米)										
掌握一门以上实用技术农户比重(%)										
人均总收入(元)										
总收入增长率(%)										
年末人均拥有家畜(头、只)										
人均果林面积(亩)										
年末户均固定资产原值(元)										
学龄儿童在校率(%)										
参加合作医疗人口比重(%)										
用电户比重(%)										
享受安全用水人口比重(%)										
通公路人口比重(%)										
果林覆盖率(%)										
农户拥有沼气池率(%)										

(3)对数据进行标准化

将以上数据按选取的标准化参数进行标准化后，得出如表5-17所示的标准化后评价指标值。

表 5-17 标准化后评价指标值

目标	年份 / 指标	2010	2011	2012	2013	2014	2015	2016	2017	2018	2019
贫困治理目标	贫困发生率(%)										
	农村人均纯收入(元)										
	劳动力转移率(%)										
	年末人均瓦、楼房面积(平方米)										
	掌握一门以上实用技术农户比重(%)										
经济发展目标	人均总收入(元)										
	总收入增长率(%)										
	年末人均拥有家畜(头、只)										
	人均果林面积(亩)										
	年末户均固定资产原值(元)										
社会发展目标	学龄儿童在校率(%)										
	参加合作医疗人口比重(%)										
	用电户比重(%)										
	享受安全用水人口比重(%)										
	通公路人口比重(%)										
环境发展目标	果林覆盖率(%)										
	农户拥有沼气池率(%)										

(4)确定评语集的相应值

为了能够反映出过去、现在、未来的效果，将评语集定为五级，并确定各级的区间值(如表 5-18 所示)。

表 5-18　　各评语集区间值

很差	较差	一般	较好	很好

(5)确定隶属度

根据以上评语集，采用历史频率确定评价矩阵 R。隶属函数为：很好、较好、一般、较差、很差。同理，可求得其他指标的隶属函数，形式如表 5-19 所示。

表 5-19　　各指标隶属函数

目标	指　　标	很差	较差	一般	较好	很好
贫困治理目标	贫困发生率(%)					
	农村人均纯收入(元)					
	劳动力转移率(%)					
	年末人均瓦、楼房面积(平方米)					
	掌握一门以上实用技术农户比重(%)					
经济发展目标	人均总收入(元)					
	总收入增长率(%)					
	年末人均拥有家畜(头、只)					
	人均果林面积(亩)					
	年末户均固定资产原值(元)					
社会发展目标	学龄儿童在校率(%)					
	参加合作医疗人口比重(%)					
	用电户比重(%)					
	享受安全用水人口比重(%)					
	通公路人口比重(%)					
环境发展目标	果林覆盖率(%)					
	农户拥有沼气池率(%)					

2. 评估结果的表述与讨论

分别对贫困治理、经济发展、社会发展、环境发展目标的评估值进行合成运算。若评估值都是对很好的隶属度最大，说明子目标的实现程度很好。根据给定的各指标评估值和各类指标权数，逐步逐层计算出政府绩效的大小，即综合评估值，根据综合评估值，可以确定等级，对整个系统进行合成运算，并计算各系统的隶属程度，从而说明贫困治理的整体效果。根据年度评估结果，还能确定实施贫困治理效果最好的年度。

5.5 “贫困村”贫困治理效果评估方法选择

1.“贫困村”贫困治理效果评估方法选择

“贫困村”贫困治理效果评估是对“村”总体效果的评估。因此在评估方法的选择上，更关注样本村贫困状态的改变程度。“贫困村”贫困治理效果评估采用综合指标评分法。

2.“贫困村”贫困治理效果评估的数据选择、问卷设计与数据收集方法

(1)“贫困村”的数据选择

需要收集整理2010—2019年各年度的指标数据，如表5-20所示。

表5-20　**“贫困村”贫困治理效果评估的数据选择表**

数　据	年份(2010—2019)
贫困发生率(%)	
农村人均纯收入(元)	
劳动力转移率(%)	
年末人均瓦、楼房面积(平方米)	
掌握一门以上实用技术农户比重(%)	

续表

数　　据	年份(2010—2019)
人均总收入(元)	
总收入增长率(%)	
年末人均拥有家畜(头、只)	
人均果林面积(亩)	
年末户均固定资产原值(元)	
学龄儿童在校率(%)	
参加合作医疗人口比重(%)	
用电户比重(%)	
享受安全用水人口比重(%)	
通公路人口比重(%)	
果林覆盖率(%)	
农户拥有沼气池率(%)	

(2)“贫困村”数据调查问卷设计

“贫困村”数据调查问卷设计详见附录一。

(3)“贫困村”的数据收集方法

“贫困村”的数据收集方法包括定量调查方法和定性调查方法。

5.6 “贫困群体”贫困治理效果评估方法选择

1.“贫困群体”贫困治理效果评估方法选择

“贫困群体”贫困治理效果评估是对群体效果的评估。本研究主要关注“农村进城务工人员贫困群体”“城市贫困群体”，因此在评估方法的选择上，更关注样本“贫困群体”状态的改变程度。本研究采用主观评价法对“贫困群体”贫困治理效果进行评估。指标体系设计依据是："到2020年，稳定实现农村贫困人口不愁吃、不愁穿，义务教育、基本医疗和住房安全有保障。实现贫困地区农民人均可支配收入增长幅度高于全国平均水平，基本公共服务主要领域指标接近全国平均水平。确保我国现行标准下农村贫困人口实现脱贫，贫困县全部摘帽，解决区域性整体贫困。"

2."贫困群体"贫困治理效果评估的数据选择、问卷设计与数据收集方法

(1)"贫困群体"数据调查问卷设计

"城市贫困群体"调查问卷设计详见附录二。

"农村进城务工人员贫困群体"调查问卷设计详见附录三。

(2)"贫困群体"数据收集方法

"贫困群体"数据收集方法包括定量调查方法和定性调查方法。

5.7 "贫困家庭、贫困人口"治理效果评估方法选择

1."贫困家庭、贫困人口"贫困治理效果评估方法选择

"贫困家庭、贫困人口"贫困治理效果评估是对贫困家庭、个体效果的评估。本研究主要关注"城市贫困人口家庭""农村贫困人口家庭"，因此在评估方法的选择上，更关注样本家庭贫困状态的改变程度。

本研究采用"主观评价法"对"贫困家庭、贫困人口"贫困治理效果进行评估。指标体系设计依据是："到2020年，稳定实现农村贫困人口不愁吃、不愁穿，义务教育、基本医疗和住房安全有保障。实现贫困地区农民人均可支配收入增长幅度高于全国平均水平，基本公共服务主要领域指标接近全国平均水平。确保我国现行标准下农村贫困人口实现脱贫，贫困县全部摘帽，解决区域性整体贫困。"对"稳定实现农村贫困人口不愁吃、不愁穿"进行指标分解；对"义务教育、基本医疗和住房安全有保障"进行指标分解；对"确保我国现行标准下农村贫困人口实现脱贫，贫困县全部摘帽，解决区域性整体贫困"进行指标分解。

2.“贫困家庭、贫困人口”贫困治理效果评估的数据选择、问卷设计与数据收集方法

(1)“贫困家庭、贫困人口”的数据选择

选择上述指标分解后的数据。

(2)“贫困家庭、贫困人口”数据调查问卷设计

“贫困家庭、贫困人口”数据调查问卷设计详见附录一。

(3)“贫困家庭、贫困人口”数据收集方法

“贫困人口”数据收集方法包括定量调查方法和定性调查方法。

5.8 小结

(1)常用的贫困治理效果评估方法主要有：成本效益法、“反事实”法、公共政策实施效果评估法、主观评价法、国际组织与机构的评估方法、综合指标评分法、计量回归法、因子分析法、数据包络分析法以及其他评估方法。不同的方法适用于不同的研究对象。

(2)本研究选择的评估方法如表5-21所示。

表5-21　**评估方法选择表**

评估对象	评估方法选择
贫困地区(连片特困地区)	计量回归法
贫困县	综合指标评分法
贫困村	综合指标评分法
贫困群体	主观评价法
贫困家庭人口	主观评价法

6 理论研究之四：评估程序与实施步骤的理论分析

6.1 评估流程与评估计划确定分析

1. 评估流程

评估流程包含评估前期准备、评估过程、评估结果反馈，并强调评估的循环性特征。评估的螺旋式循环步骤，有利于贫困治理效果评估反馈，为提高贫困治理效果奠定基础。

螺旋式循环评估法可以在一定程度上实现对贫困治理方式有效的跟踪管理和问题的及时反馈，具有科学性和合理性，可以起到事先预警、事中监控、事后评价的作用。

2. 评估计划的确定

贫困治理效果评估分为三阶段和五步骤，即规划阶段、实施阶段、应用阶段；步骤包括：明确评估意图、制订评估方案和进度计划、数据收集准备、数据收集和处理应用、评估结果的反馈和应用。具体内容如表 6-1 所示。

表 6-1　　贫困治理效果评估的步骤表

步骤	目标	内容
贫困治理效果评估规划	明确评估意图	确定评估对象
		分析存在问题
		明确评估目标
		确定评估的类型
		选取评估标准
		分解评估目标

续表

步骤	目标	内容
贫困治理效果评估规划	制订评估方案和进度计划	构建监测评估指标体系
		制订评估方案和进度计划
		所需一般数据
		明确所需建档数据
		确定评估方法与监测手段
		计划时间、人员和预算
贫困治理效果评估实施	数据收集准备	编写工作手册和培训
		实施数据准备确定收集计划
		进行预调查
	数据收集、处理和应用	确定调查群体和调查方法
		实施数据收集和抽取
		分析数据材料 评价并提出建议
贫困治理效果评估应用	评估结果的反馈与应用	撰写评估报告
		评估结果反馈
		为后续监测提供支持

6.2 评估主体选择与分工分析

1. 参与评估的主体之一：政府

政府作为“贫困治理”的主导者，可以避免机制缺陷乃至寻租行为所造成的效率低下和贫困治理资源投放偏离；政府作为实施主体，可处理贫困治理过程中区域发展、个体发展、地区经济增长、政绩提升之间的关系。市场机制和政府主导都具有两面性，市场机制的盲目性、滞后性会导致资源供需失衡是贫困治理过程中政府需要解决的重要问题。要发挥政府主导作用并借助市场经济手段来提高贫困治理资源的配置和使用效率。贫困治理各主体间存在信息不对称现象，需要政府监督和激励。具体内容如表 6-2 所示。

表 6-2　　我国贫困治理主体结构

各级政府职能部门	贫困治理机构	其他机构	参加人员
中央政府职能部门	国务院扶贫开发领导小组	国家金融机构	乡级贫困治理专干、驻村工作队
省级政府职能部门	省扶贫开发领导小组	省级金融机构	贫困家庭或人口
市县级政府职能部门	市县扶贫开发领导小组	地方金融机构	NGO 组织、慈善组织人员

2. 参与评估的主体之二：贫困户

贫困户参与贫困治理评估是当前贫困治理的发展趋势。贫困人口或贫困村根据贫困治理的真实情况和效果，结合切身感受，对贫困治理规划、资金使用、管理、成效方面做出评价，有助于从受益者角度对贫困治理项目做出更为直观、全面的评估，能帮助项目责任者了解治理对象的真正需求，能调动贫困对象的积极性，充分发挥其主动脱贫的能动性，增强贫困治理的有效性。贫困对象参与评估也有利于提高贫困治理工作的公正性和透明度。

贫困治理对象参与贫困治理效果评估，能反映贫困治理资方式是否符合贫困治理对象的意愿和需求，增加评估的公平性和透明度，解决政府和贫困治理对象之间的信息不对问题。贫困治理对象作为贫困治理的消费者，他们的主观评价对贫困治理客观绩效的发挥有着一定的影响，应该受到政府部门的重视，而这种影响一般是通过他们对贫困治理的感知起作用的。贫困治理对象的参与有助于确定贫困治理对象及其需求，以采取有针对性的贫困治理手段。

贫困治理对象评估是重要的绩效评估子系统。评估目标和评估思路是借助适用的评估手段、技术方法以及选定指标，在贫困治理项目开展的前期、中期或结束节点上，通过监测数据的定期收集和分析，考察贫困治理项目预计的减贫目标或经济社会效果，并且考察这种目标或效果实现的程度和后续影响，找出存在的问题，并以此形成信息反馈，为项目发展提供改进建议。

从贫困治理实施主体和贫困治理受益对象两个层面对贫困治理效果进行主客观的综合评估，有助于提升评估结果的真实性、全面性和实践指导性。

3. 参与评估的主体之三：第三方评估机构

如 2018 年根据《关于建立贫困退出机制的意见》，国务院扶贫开发领导小组经公开招投标，委托北京师范大学、中国农业大学、江西财经大学、中国社会科学院等4家机构牵头，组织19家参与机构、1400多名调查评估人员，于6月3日至30日对第一批40个县开展实地评估检查，共抽查行政村1158个，其中贫困村755个、非贫困村403个。实地调查农户6.3万户，其中排查约2万户，问卷调查4.3万户。

为确保客观公正，此次评估检查建立“三公开三随机三回避”机制，公开贫困县退出条件、标准和程序，公开招投标遴选评估检查机构，公开评估检查结果；随机抽查行政村，随机抽取普查的村民小组，随机抽取调查的农户；第三方评估机构回避其所在省份的评估检查任务，评估专家回避其工作单位所在省份的评估检查任务，承担过省级评估检查的回避国家对该省的评估检查任务。评估组强化问题核实，经核实和确认，这次评估检查的40个县4.3万户中，认定错退11户32人，漏评8户17人。

6.3　评估实施步骤控制分析

评估是螺旋式上升的循环进程。评估程序由前期准备(确定评估项目、制订评估方案)、评估实施和结果采用三个步骤组成，包括评估前总体设计、评估中相关技术方法的具体引入、评估误差的校正和评估后技术方法四个方面的总体流程设计。亚洲开发银行认为评估一般包括七个步骤，即确定待评估项目、评估目标和期望的结果、制定评价指标、设置评估标准、监测和记录、撰写评估报告以及评估结果的应用，即制订计划、建立组织、构建指标、收集信息、选择计量方法、撰写报告、结果的反馈和应用七个基本程序。评估管理是包括评估计划拟定、计划实施、绩效评估、结果反馈与绩效改进等环节在内的、完整的螺旋式循环过程。

评估前总体设计包括明确研究目的，提出一系列需要检验的假说，明确被解释变量与解释变量，根据假设和理论框架建立控制变量及变量间的关系图，对变量进行操作化定义，明确调查对象，构造调查问题，形成调查问卷，选取调查方法，确定样本规模实施现场调查，控制非抽样误差，进行数据录入和数据处理分析。评估过程中，绩效评估的手段和方法、绩效指标的制定、绩效评估对象的选择，对评估者进行的培训以及评估系统的调整和完善等内容都不是独立分离的，涉及评估主体、评估对象、评估指标、评估方法、评估程序和评估结果采用等一系列环节。

最后是将评估结果应用到整个政府扶贫绩效评估的整体操作程序中把结果

加以整理和反馈。

6.4 评估总结、反馈分析

评估总结是对评估结论、整个评估过程、评估实施中面临的问题与解决方案的总结。评估结论、评估整体操作程序要反馈，以实现提高贫困治理效果的目标。评估不能只依赖一种方法，要用不同的方法进行评估，因为任何方法都存在特定的假设。在使用某一方法时要考虑该方法的假定与它所应用地区的具体情况是否有明显的违背。评估的最终结论不能仅由某一方做出，应该引入第三方评估者，但第三方评估者要经得起当事双方和另一个技术方的质询。

6.5 小结

(1)评估流程包含评估前期准备、评估过程、评估结果反馈，并强调评估的循环性特征。评估的螺旋式循环步骤，有利于对贫困治理效果的评估反馈，为提高贫困治理效果奠定基础。

(2)政府作为“贫困治理”的主导者，也是“评估”的主导者。“贫困户”“第三方评估机构”参与贫困治理评估是当前贫困治理的发展趋势。

(3)评估程序由前期准备(确定评估项目、制订评估方案)、评估实施和结果采用三个步骤组成。

(4)评估总结是对评估结论、整个评估过程、评估实施中面临的问题与解决方案的总结。评估结论、评估整体操作程序要反馈，以实现提高贫困治理效果的目标。

7 经验研究：国内外贫困治理效果评估的经验分析

7.1 国外贫困治理效果评估的经验分析

国外主要有联合国社会经济发展指标体系与人类发展指数、世界银行反贫困监测和评价体系、亚洲开发银行反贫困监测和评价体系。

联合国社会经济发展指标体系主要包括社会指标和经济指标。具体包括人均预期寿命；万人以上城市地区的人口占总人口的百分比；人均每日消费的动物蛋白质；中小学生注册人数；接受职业教育人数；每间居室平均居住的人数；每千人中读报的人数；从事经济活动人口中使用电、水、煤气的百分比；每个男性农业工人的农业产量；农业中成年劳动力的百分比；人均消费电力的千瓦数；人均消费钢的公斤数；人均能源消费折合标准煤的公斤数；制造业在国内生产总值中的百分比；人均对外贸易额；工薪收入者在整个经济活动人口中的比例。

人类发展指数包括三个指标：实际人均收入、出生时的预期寿命和识字率及在校生人数。

世界银行认为，贫困评估范围涉及整体政策框架、公共商品和服务的提供以及目标群体的补贴等，具体内容包括贫困描述、激励机制与规章制度、公共支出与体制、安全网、国家贫困战略等。因此，世界银行在效果评估的内容方面包括相关性、目标实现程度、有效性、持续性、制度发展影响力、目标完成情况、世界银行参与度、贷款人参与度等。

亚洲开发银行认为，贫困是一种对个人财产和机会的剥夺。每个人都应该享有基础教育和基本健康服务。穷人有通过劳动获取应得报酬供养自己的权利，也应该有抵御外来冲击的保护。除了收入和基本服务外，如果他们不能参与直接影响自己生活的决策，那么这样的个人和社会就处于贫困状态。因此，亚洲开发银行把农户脱贫状况的监测作为主要内容之一，特别规定在资料的采集上应注重具体项目对扶贫的贡献和其他经济影响。亚洲开发银行的评估围绕项目所产生的经济效益、社会影响、环境影响，内容包括效果与目标的相关性、资源配置效率、项目产出的实现程度和项目的可持续性等，涉及从资金分配到使用再到支出效果的过程。

联合国研究报告认为，经济增长并不会自动有益于贫困群体，需要建立配套的机制和制度来保证贫困人口受益，赋予贫困人口获得健康和教育的权利。

世界银行研究报告认为，贫困治理重点是在贫困地区增加贫困人口参与经济、社会和政治的机会、增加其接受有关市场经济的知识技能培训的机会，增加其获得信贷、进入本地市场和参与建设的机会，加快教育发展，完善医疗卫生服务，提高地区自主治理能力等，增强贫困人口抵御风险和摆脱贫困的能力。

世界银行提出评估需要回答如下问题：为什么要实施项目(目标)？项目将要实现什么(影响)？项目的执行范围(产出)？需要执行哪些关键的活动(方式)？需要哪些资源实现项目的执行(投入)？影响项目成败的潜在因素有哪些(风险)？基于什么样的假设设计项目(预期目标)？应该如何进行检验(数据与方法)？

世界银行确定了评估思路，包括目标、影响、产出、投入、风险以及评估所需的数据和方法。评估从经济、社会和环境三个层面的指标进行，并重视评估项目的可持续性。

亚洲开发银行一般认为评估包括七个步骤，即确定待评估项目、评估目标和期望的结果、制定评价指标、设置评估标准、监测和记录、撰写评估报告以及评估结果的应用，即制订计划、建立组织、构建指标、收集信息、选择计量方法、撰写报告、结果的反馈和应用七个基本程序。评估管理是包括评估计划拟定、计划实施、绩效评估、结果反馈与绩效改进等环节在内的、完整的螺旋式循环过程。

美国政府规定了绩效评估目的、标准、程序以及操作指标，提出了经济、效率、公平、效能原则，包括经济和社会效益两类指标。澳大利亚政府推行公共项目绩效评估，主要包括项目的适当性评估、效率性评估以及有效性评估。评估指标包括目标的实现程度和部分专款支出情况。美国乔治梅森大学市场研究中心以第三方评估者身份，定期向社会公布政府绩效评估结果。美国通过对多个地区的政府绩效收集和公众满意度调查发现，公众满意度与政府服务绩效有关联，公众的主观评估可作为评估政府绩效的指标之一。阿斯顿工商学院公共服务研究中心基于“最优价值”评估框架，使用平衡记分卡方式对地方绩效进行评估，模型包括财务、顾客评估、内部流程以及学习与成长等四个方面。印度学者估计了不同类型的政府支出对农村贫困和生产力增长的直接和间接影响，认为应该优先增加农村公路、农业研究投资以及教育投资。

7.2 国内贫困治理效果评估的经验分析

国内针对反贫困的具体情况，建立了农村反贫困评价的相关体系，主要包括单一指标体系、基于小康标准的指数体系、专项评价指标体系、综合评价指标体系和记分卡理论体系等。

国务院扶贫开发领导小组经公开招投标，委托北京师范大学、中国农业大学、江西财经大学、中国社会科学院等 4 家机构牵头，组织 19 家参与机构、1400 多名调查评估人员，于6 月 3 日至30 日对第一批 40 个县开展实地评估检查，共抽查行政村 1158 个，其中贫困村 755 个、非贫困村 403 个。实地调查农户 6.3 万户，其中排查约 2 万户，问卷调查 4.3 万户。

为确保客观公正，此次评估检查建立“三公开三随机三回避”机制，公开贫困县退出条件、标准和程序，公开招投标遴选评估检查机构，公开评估检查结果；随机抽查行政村，随机抽取普查的村民小组，随机抽取调查的农户；第三方评估机构回避其所在省份的评估检查任务，评估专家回避其工作单位所在省份的评估检查任务，承担过省级评估检查的回避国家对该省的评估检查任务。

7.3 小结

(1)国外主要有联合国社会经济发展指标体系与人类发展指数、世界银行反贫困监测和评价体系、亚洲开发银行反贫困监测和评价体系。

(2)国内针对反贫困的具体情况，建立了农村反贫困评价的相关体系，主要包括单一指标体系、基于小康标准的指数体系、专项评价指标体系、综合评价指标体系和记分卡理论体系等。

8 实证检验研究：对我国贫困治理效果评估的实证检验

8.1 “贫困地区”贫困治理效果评估的实证检验

湖北省地区生产总值从1978年的151.00亿元增长到2017年的36522.95亿元，人均生产总值由1978年的332.03元增加到2017年的61882.33元。三次产业结构由1978年的40.5∶42.2∶17.3调整为2017年的10.3∶44.6∶45.2。具体数据如表8-1所示。

表8-1 **1978—2017年部分年份湖北省主要经济指标统计** 单位：亿元

年份	地区生产总值	人均GDP(元)	一产业增加值	二产业增加值	三产业增加值
1978	151.00	332.03	61.11	63.71	26.18
1994	1700.92	2991.33	501.44	657.63	541.85
2001	3880.53	6866.99	692.17	1574.39	1613.97
2011	19632.26	34197.27	2569.3	9815.94	7247.02
2015	29550.19	50653.85	3309.84	13503.56	12736.79
2016	32297.91	54881.75	3499.3	14375.13	14423.48
2017	36522.95	61882.33	3759.69	16259.86	16503.40

资料来源：《湖北省统计年鉴(2018)》。

1978年湖北省城镇居民人均可支配收入325.0元，农村居民人均纯收入110.5元，到2017年城镇居民人均可支配收入达到31889.0元，农村居民人均纯收入也增加到13812.0元，人民生活水平取得了显著改善，如表8-2所示。

表 8-2　　**1978—2017 年部分年份湖北省城乡居民收入**

年份	城镇居民人均可支配收入(元)	农村居民人均纯收入(元)	城乡收入比
1978	325.0	110.5	2.94 : 1
1994	3346.0	1170.1	2.86 : 1
2001	5856.0	2352.2	2.49 : 1
2011	18373.9	6897.9	2.66 : 1
2015	27051.5	11843.9	2.28 : 1
2016	29386.0	12725.0	2.31 : 1
2017	31889.0	13812.0	2.31 : 1

资料来源：《强省之路：湖北改革开放 30 年》和《湖北省统计年鉴(2018)》。

从表 8-2 中可以看到湖北省城乡居民收入不断增加，但通过反映城乡收入差距的重要指标城乡收入比可以发现 1978—1994 年《国家八七扶贫攻坚计划》实施前城乡收入差距基本保持不变，1994—2001 年间城乡收入差距在缓慢缩小，2001—2011 年间又有扩大趋势，2011 年制定《中国农村扶贫开发纲要(2011—2020 年)》以来，城乡收入差距在不断缩小。

截至 2015 年年底，湖北省共有 1315.66 万人参加城镇职工基本养老保险，2214.96 万人参加城乡居民基本养老保险，949.41 万人参加城镇职工基本医疗保险，1022.73 万人参加城镇居民基本医疗保险，全年累计领取失业保险金人数 11.29 万人。享受最低生活保障的城镇居民 84.6 万人，农村居民 159.6 万人。

据湖北省扶贫开发办公室的数据，2014 年湖北省贫困发生率高达 14.7%，超过全国 10.2%的贫困发生率，位居全国第 9 位，全省拥有贫困人口 580.77 万人，贫困户及贫困人口总量高居全国第 7 位。全省共有 4821 个贫困村，贫困村中仅有 615.1 万人参加了新型农村合作医疗，参合率不足 87%，低出全省 10%；有 287.2 万人参加城乡居民基本养老保险，参保率 40.6%，远低于全省平均水平。湖北省仍然是一个贫困大省，全省的扶贫开发工作仍然任重而道远。

湖北省有 25 个国家扶贫工作重点县(包括县级行政单位区、县级市、自治县、林区，下同)，主要集中在大别山区、武陵山区、秦巴山区三个片区，如表 8-3 所示。

表 8-3　　**湖北省国家级贫困县分布及贫困人口和贫困发生率**

分区	市州名	贫困人口（万人）	贫困发生率（%）	国家级贫困县
大别山区	孝感市(2)	33.83	6.4	孝昌县、大悟县
	黄冈市(5)	102.80	13.7	英山县、罗田县、麻城市、红安县、蕲春县
武陵山区	宜昌市(2)	44.31	10.8	长阳土家族自治县、秭归县
	恩施土家族苗族自治州(8)	92.00	23.2	恩施市、利川市、建始县、宣恩县、巴东县、来凤县、鹤峰县、咸丰县
秦巴山区	十堰市(6)	82.98	23.7	丹江口市、郧西县、竹溪县、竹山县、郧阳区、房县
	直辖单位(1)	1.68	21.9	神农架林区
幕阜山区	黄石市(1)	13.25	5.5	阳新县

资料来源：湖北省人民政府扶贫开发办公室，其中贫困人口和贫困发生率是 2016 年的统计数据。

从表 8-3 可以看出，黄冈市的贫困人口最多，有 102.80 万人，贫困发生率 13.7%，稍微低于全省 14.7%的平均水平；恩施土家族苗族自治州、十堰市、神农架林区的贫困发生率较高，都已经超过了 20%，其中十堰市贫困发生率最高，达 23.7%；孝感市、黄石市的贫困人口较少，贫困发生率也较低，低于全国 10.2%的平均水平；宜昌市的贫困发生率与全国平均水平相当。

湖北省国家级贫困县占到了全省县市的近 3 成，2014 年全部国家扶贫工作重点县地区生产总值只有 2405.64 亿元，对全省的经济贡献只占到 8%左右，如表 8-4 所示。贫困县的经济水平十分薄弱，三次产业结构不合理，其中第一产业占比仍然较大，高出全省 14%，第二、三产业占比均低于全省平均水平。受自然条件和历史因素的影响，多数贫困县仍然以农业作为支柱产业，农业也主要以种植业为主，农产品结构较为单一。不考虑神农架林区，以第一产业占比最低的丹江口市为例，第一产业仍然占比 16.52%，高出全省 5%。

表 8-4　　**湖北省国家级贫困县宏观经济情况(2014 年)**　　单位：亿元

国家级贫困县	地区生产总值	第一产业	第二产业	第三产业	产业结构
孝昌县	97.42	29.23	31.73	36.46	30.00∶32.57∶37.43
大悟县	110.55	31.15	31.22	48.18	28.18∶28.24∶43.58
英山县	78.54	32.21	24.36	21.97	41.01∶31.02∶27.97
罗田县	105.66	24.80	41.24	39.62	23.47∶39.03∶37.50
麻城市	226.22	51.16	97.76	77.30	22.62∶43.21∶34.17
红安县	120.75	25.96	59.71	35.08	21.50∶49.45∶29.05
蕲春县	180.44	43.38	72.32	64.74	24.04∶40.08∶35.88
长阳土家族自治县	109.88	34.14	33.61	42.13	31.07∶30.59∶38.34
秭归县	100.53	21.44	39.52	39.57	21.33∶39.31∶39.36
恩施市	141.5	24.46	56.84	60.20	17.29∶40.17∶42.54
利川市	82.01	28.53	22.01	31.47	34.79∶26.84∶38.37
建始县	64.11	16.94	21.35	25.82	26.42∶33.30∶40.27
宣恩县	45.27	13.45	12.85	18.97	29.71∶28.39∶41.90
巴东县	74	15.94	30.90	27.16	21.54∶41.76∶36.70
来凤县	47.08	10.86	13.56	22.66	23.07∶28.80∶48.13
鹤峰县	39.51	9.14	16.53	13.84	23.13∶41.84∶35.03
咸丰县	54.5	13.97	16.79	23.74	25.63∶30.81∶43.56
丹江口市	167.81	27.73	83.99	56.09	16.52∶50.05∶33.42
郧西县	59.04	19.60	17.32	22.12	33.20∶29.34∶37.47
竹溪县	62	21.90	24.50	15.60	35.32∶39.52∶25.16
竹山县	79.75	20.00	31.72	28.03	25.08∶39.77∶35.15
郧阳区	82.7	22.00	33.10	27.60	26.60∶40.02∶33.37
房县	66.08	23.39	20.24	22.45	35.40∶30.63∶33.97
阳新县	189.34	55.67	59.63	74.04	29.40∶31.49∶39.10
神农架林区	20.95	1.96	7.74	11.25	9.36∶36.95∶53.70
合计	2405.64	619.01	900.54	886.09	25.73∶37.43∶36.83

资料来源：各贫困县所属州市的统计年鉴；恩施土家族苗族自治州贫困县使用 2013 年的数据替代。

8.2 “贫困群体”贫困治理效果评估的实证检验

1.“农村样本”区域概况

钟祥市位于湖北省中北部，面积4488平方公里。2011年全市地区生产总值达到255.54亿元，增幅达到17%，是近十年来增幅最高的；地方一般预算收入达到8.15亿元，增长35.1%，税收收入达到4.98亿元，税收占一般预算收入的比例达到61.1%，城镇居民人均可支配收入达到12749元，增长13.7%；农民人均纯收入达到8373元，增长18.9%，是近几年增长最快的。规模工业增加值达到125.2亿元，增长41.5%；固定资产投资达到162.3亿元，增长40%；引进市外境内资金68亿元，实施了241个投资过千万元的项目，被评为全省扩大开放先进单位。

2012年钟祥经济工作的主要奋斗目标是：地区生产总值增长16%，达到296亿元以上；规模工业增加值增长30%，达到163亿元以上；全社会固定资产投资增长30%，达到210亿元以上；地方一般预算收入增长20%以上，达到10.5亿元；社会消费品零售总额增长20%，达到93亿元以上；城镇居民人均可支配收入增长13%，达到14406元；农民人均纯收入增长14%，达到9545元。

钟祥市工业发展迅速，经过多年的建设，已初步形成了以机械、建材、化工、轻工、纺织、食品饲料6大行业为支柱，具有钟祥地方特色的工业体系。工业主导产品600余种，其中进入国际市场的20种，处于国内领先水平的45种，处于省内领先水平的130种。广源饼干、首相箱包、祥泽铆钉、华联脱水蔬菜、宇兴电机、文峰白酒、山灵葛粉、金汉江精制棉、钟厦水泥等一批产品已有一定的知名度。

钟祥市基本情况见表8-5。

表8-5　　**钟祥市基本情况**

主要行政区划	面积(km^2)	人口(万人)
钟祥市	4488	103
郢中街办	49	17.10

续表

主要行政区划	面积(km^2)	人口(万人)
洋梓镇	403	6.83
长寿镇	275	2.75
丰乐镇	162	6.87
胡集镇	393	12.99
双河镇	235	4.62
磷矿镇	219	4.71
文集镇	128	4.44
冷水镇	314	4.74
石牌镇	295	8.43
旧口镇	300	11
柴湖镇	225	9.57
长滩镇	153	2.03
东桥镇	256	2.41
客店镇	293	1.46
张集镇	289	2.28
九里回族乡	99	1.67

2.“城市样本”区域概况

武汉市东西湖区地处长江中游北岸，位于汉口西部近郊，是江汉平原与武汉市城区的结合部。2013 年 3 月，经国务院批准，设立武汉临空港经济技术开发区，与东西湖区合署办公。2017 年辖吴家山、长青、慈惠、走马岭、新沟镇、径河、金银湖、将军路、辛安渡、东山、柏泉 11 个街道和常青花园社区，以及机电产业园、高新技术产业园、综合保税物流产业园、食品医药产业园和临空产业园 5 个开发区产业园。全区共有社区居民委员会 65 个，大队 73 个。具体情况如表 8-6 所示。

表 8-6　　　　**2017 年东西湖区街道、常青花园社区基本情况**

街道名称	面积(平方公里)	户籍人口(人)	社区居民委员会(个)	大队(个)
吴家山街	8.30	85263	12	9
长青街	19.00	18722	3	5
慈惠街	22.00	12181	4	13
走马岭街	56.00	26362	2	7
新沟镇街	47.50	20792	3	4
径河街	63.00	28760	8	—
金银湖街	58.40	29375	12	—
将军路街	17.00	16826	7	9
辛安渡街	56.30	18285	2	14
东山街	67.60	20072	2	12
柏泉街	77.20	13154	4	—
常青花园社区	2.70	23042	6	9
	495	312834	65	73

资料来源：东西湖区民政局和东西湖区公安分局户政科。

2017 年，完成生产总值(GDP)7306287 万元，按可比价计算，比上年增长 8.1%。其中，第一产业增加值 165136 万元，增长 4.0%；第二产业增加值 5458199 万元，增长 8.1%；第三产业增加值 1682952 万元，增长 8.5%。三次产业结构比重由上年的 2.4：74.6：23.0 调整为 2.3：74.7：23.0。按常住人口计算，全区人均生产总值 132408 元，比上年增加 9639 元。

2017 年，东西湖区完成全社会固定资产投资 5861210 万元，比上年增长 17.1%。完成农林牧渔业总产值 283820 万元，比上年增长 5.6%。其中，农业 190858 万元，增长 10.7%；全区有耕地面积 10638 公顷。农业机械总动力 131609 千瓦，其中，农业排灌机械总动力 37290 千瓦，有效灌溉面积 9891 公顷。2017 年东西湖区完成工业增加值 4157952 万元，比上年增长 8.2%；规模以上工业企业产值增长 11.1%，增加值增长 8.6%。其中，内资企业产值增长 6.6%，外商及港澳台商投资企业产值增长 22.1%。2017 年，东西湖区完成一般公共预算总收入 1861330 万元，比上年增长 3.3%，地方一般公共预算收入 1003052 万元，增长 8.9%，其中，税收收入 790739 万元，增长 9.0%；增值税187946万元，增长4.7%；营改增增值税138279万元，增长83.5%；企业所得税145356万元，增长9.6%。一般公共预算支出1057248万元，增长28.7%。政府性基金收入978496万元，增长162.1%。

全年全区城镇常住居民人均可支配收入35613元，比上年增长9.13%；农村常住居民人均可支配收入23077元，增长9.16%。居民恩格尔系数35.9%。据全区城乡住户一体化抽样调查，全区居民人均居住面积41平方米。

全区社会保险参保人数达66.3023万人次，其中：基本养老保险参保21.6754万人(在职：15.5314万人；退休：6.1440万人)，失业保险参保9.7372万人，基本医疗保险参保13.6975万人，工伤保险参保10.2349万人，生育保险参保10.6006万人，城乡居民社会养老保险参保0.3567万人。全年社会保险扩面净增48094人次(不含退休及居民养老)，全年养老基金累计征缴15.6628亿元，基金支出17.2135亿元。全年新增就业9850人，城镇下岗失业人员实现再就业1455人，组织开展各类技能培训3450人次。全年城镇低保救助3380户次，4094人次，累计发放低保金和各类补贴299.64万元。农村低保保障10768户次，12985人次，全年累计发放低保金和各类补贴640.07万元。年末区中心福利院1所，收养床位510张，收养人数48人；城镇福利院8所，收养床位985张，收养人数486人；全年各类农村福利院7所，收养床位559张，收养人数210人。

表8-7　**东西湖区城市居民经济情况**　单位：人；元

年份	户籍人口	城市人口	城市居民人均可支配收入	人均消费支出	食品支出	其他支出
2009	263763	84048	15978			
2010	269464	84484	17911			
2011	268964	85342	20338.8	12540.2	4387.3	
2012	267111	83268	23145.68	14208.05	5136.86	
2013	276445	91593	25969.45	15799.35	5750.99	
2014	283103		27221.7			
2015	288541		29810			
2016	296479		32634			
2017	312834		35613			

资料来源：2009—2015年《东西湖统计年鉴》，2015—2017年的数据为网上查询。

8.3 实证检验中的误差与校正

1. 误差的分类

用随机性样本反映总体必然存在误差，但误差是可控的。

评估误差指评估中由因与评估目的无关的变化因素产生的不准确或不一致所导致的误差。抽样误差指抽样的随机性而产生的误差，不包括登记误差、偏差。

随机误差包括实际误差和平均误差。实际误差是一个样本指标与总体指标之间的差别；平均误差是所有可能出现的样本指标的标准差，即所有样本指标和总体指标的平均离差。随机误差是与评估目的无关、偶然因素引起的不能控制的误差。系统误差是与评估目的无关因素引起的恒定而有规律的效应。

衡量评估结果是否可靠和有效的最直接方法是确定评估误差值。影响评估误差的因素有：评估工具、被评估对象和评估过程，包括评估指标体系、评估方法、评估主体和评估程序。

评估方法是影响评估结果的重要因素。① 评估方法包括定性评估和定量评估两大类。定性评估指对政府扶贫质的鉴别和确定等级，定量评估指对扶贫工作绩效进行量的鉴别和确定等级，主要是在测量的基础上，采用统计和数学方法，对测量所得出的数据进行整理和分析，如统计、会计和审计等分析方法。定量分析方法具有规范和不受各种主观因素干扰等特征，比较客观公正地判断出政府扶贫绩效水平和存在的不足。但同样的评估指标、同样的对象、同样的数据，由于采纳不同的定量分析方法可能会得到不同的评估结果，有时甚至会得到截然相反的评估结果。因此，应将定性方法与定量方法有机地结合起来，并采用不同定量方法对评估结果进行印证和补充。

2. 误差的影响

评估指标的内容影响评估的效度。科学的指标体系是保证政府扶贫绩效评估效度的首要条件。效度指评估指标在多大程度上描述了评估对象的内容和特征，即评估指标反映评估对象客观要素的准确性程度。各项指标的结构影响着

① 范柏乃，余有贤，程宏伟．影响政府绩效评估误差的因素及其对策研究[J]．软科学，2015，19(4)．

评估结果的效度，如评估对象信息的重复使用等。

为减少评估主体主观因素对评估结果的影响，要选择合理的评估主体，并使其保持适度的规模，同时尽可能地让评估主体的知识结构、专业结构、年龄结构和行业结构等相互匹配。

评估是过程，包括设置目标、指标、收集信息、分析信息以及汇报结果等环节。

评估程序中的每一环节都对评估活动产生影响，任何环节不规范都可能造成评估结果的失真。发布评估指南并公示评估指标、评估标准和评估方法可以使得被评估对象及公众更多地了解评估的目的和宗旨，并及时获得外界的建议和意见，使评估工作置于公众的监督之下。暗箱操作会导致评估结果的失真。若信息和数据失真，评估结果就不可能真实。信息反馈指将收集的评估数据反馈给被评对象进行核查，从而提高评估结果的质量。评估主体要明确评估意义、目的，全面理解评估指标、评估内容和评估标准。

3. 误差的计算与校正

标准抽样误差的数值大小受三个因素的影响：总体单位之间标志变异程度的影响，也就是受总体方差或总体标准差数值大小的影响，总体标准差数值大则抽样误差也大，总体标准差数值小，抽样误差也小；样本单位数目多少的影响，抽取的样本单位数越多则抽样误差越小，而样本单位数越少，则抽样误差越大；抽样误差的大小还和抽取样本单位的方式有关。

简单随机抽样允许误差概率度、标准误可以通过查表得到。实际上总体方差是不知道的，但一般用样本标准差来代替总体方差。

样本标准差的计算公式：

$$s=\sqrt{\frac{\sum_{i=1}^{n}(x_i-\bar{x})^2}{n-1}}$$

平均数为：$\bar{x}=\frac{\sum_{i=1}^{n}x_i}{n}$

如果估计的指标不是平均数，而是比例的话，样本方差为：$p(1-p)$

其中：p 表示比例。

在进行抽样调查以前，首先要做的工作是估计应该抽取的样本规模有多大。

9　对策研究：提高我国贫困治理效果的对策建议

9.1　提高“贫困地区”治理效果的对策建议

为了适应“贫困地区”治理的特点，国家提出了一系列有针对性的扶贫开发模式。如整村推进模式、产业化扶贫模式、科技扶贫模式、移民搬迁扶贫模式、社会扶贫模式等，这些模式从不同的角度促进了农村贫困地区的发展。扶贫模式并不存在孰优孰劣，只是地区适应不适应问题，不同扶贫模式导向不同，评价指标也不同，其评价结果也就没有可比性。而且每种模式各有优点和缺陷或不足，都不能完全适应所有贫困地区的具体情况和需求。

1. 治理模式选择要考虑不同贫困地区的需要

由于地理环境、历史背景等差异，不同贫困地区的农村贫困现状各不相同。只有根据不同贫困地区的特点选择恰当的治理模式才能事半功倍。如交通不便、地质状况恶劣、自然灾害频发等因素制约了农村经济的发展，农村贫困人口较为集中。可以考虑采用移民搬迁式扶贫，兴建搬迁集中安置点，改善贫困群众的生存环境，提升贫困群众的抗灾能力。而对于贫困乡村集中连片的区域，最好的扶贫方式则是以发展优势产业为重点，制订整村推进、连片开发的扶贫发展规划，从而改善贫困现状。

2. 治理模式选择要调动贫困地区群众的主动性

治理模式应注重以贫困群众为主体，通过提供技术、生产资料等生产要素的方式，鼓励贫困群众自力更生，依靠自己的力量脱贫致富。政府投入大量资金进行基础设施建设并且提供资金帮助贫困地区扩大生产规模，促进其发展从而增加贫困群众的工资收入，并通过招收更多的贫困农户解决他们的生计，以产业促就业，辐射带动当地贫困农户增收致富。国家扶贫政策鼓励金融机构积极加入产业化扶贫模式中，规定对符合要求的扶贫项目采取财政补贴，金融机构可以通过参与投标的形式获得扶贫发展项目。

9.2 提高“贫困县”治理效果的对策建议

1.“后扶贫时代”的扶贫需分类分层帮扶

随着2020年的来临，部分县脱贫攻坚即将告一段落，但就目前形势来看，仍需继续巩固扶贫成果，确保贫困户稳定脱贫、不返贫。存在的问题是：未脱贫的贫困户贫困程度深、脱贫难度大，脱贫户由于教育、医疗、住房、子女结婚、受灾等原因存在返贫现象。为避免贫困村与非贫困村、贫困户与非贫困户扶持力度差距过大而造成的社会“撕裂”现象，需要对贫困村和非贫困村的不同农户进行分类管理，如分为富裕户、一般户、五保户和孤儿户、特困户、扶贫户，并根据其不同特点，采取有针对性的帮扶措施，确保非贫困户勤劳致富，贫困户、特困户稳定脱贫，农村整体走向小康。

2. 保持产业扶贫项目的可持续性

产业扶贫应基于供给侧改革视角，充分考虑产业结构的合理性，按市场需求发展持续增收产业，对扶贫产业进行评估，优化产业结构，促进一二三产融合，提高产品附加值，增加就业岗位。项目实施过程中，可打破刚性行政区划，统筹规划产业链体系，在不同村因地制宜发展产业链体系内的不同产业，实现多村互动，共同致富。搭建产业扶贫项目承接平台。建立和完善园区、龙头企业、农民专业合作社识别机制，加强政府对农业园区、企业和合作社的扶持力度，建立贫困户与企业之间的利益联结机制，加强对扶贫资金入股项目的审查，使其落实到贫困户及脱贫户，从而保证产业扶贫收益的可持续性。

3. 建立新型农业经营主体与贫困户的利益联结机制

扶贫成效越来越显著，越来越多的贫困户实现了“两不愁、三保障”，稳定脱贫，但是仍有部分鳏寡孤独、老弱病残人群、深度贫困县的农户脱贫难度会越来越大，因此，在扶贫攻坚战略实施的大背景下，资产收益扶贫模式的探索及机制构建成为精准扶贫的重要举措。引导合作社等新型农业经营主体积极承担社会扶贫责任，将以往财政资金产生的收益或自有资金拿出来，以配股、捐股等形式为入社的建档立卡贫困户设立资产账户，保证其享有获得相应资产收益的权利；将投入合作社的国家财政专项资金和其他涉农整合资金全部或部分量化给符合条件的贫困户，写入社员账户充当贫困户的入社股金，同时规定相关资产委托给合作社统一经营，由合作社承担相关资产的保值增值责任，贫困户只能享有资产产生的收益而不能撤股撤资；鼓励自身耕作效率低和丧失劳动能力的贫困户将土地托管流转或是以入股的形式交由合作社统一经营，构建贫困村集体经营性建设用地入市机制，由合作社负责给农户按年或按月发放相应的资产收益，从而带动贫困户增收。

9.3 提高“贫困村”治理效果的对策建议

1. 建立贫困村分类机制

结合国家政策(例如国家发改委的主体功能分区、环保部的生态功能分区等)整合资源，对不同类别的贫困村实施不同类别的减贫支持政策，把“两项制度衔接”从户级层面扩大到行政村层面，在村级层面实行“应保尽保”和“应扶尽扶”，尤其是对列入国家禁止开发区和部分列入限制开发区的贫困村以保代扶，推行政策性帮扶措施实现精准扶贫。要实现真正的精准扶贫，首先应该开展国家级和省级的贫困普查，对贫困村实施分类管理，在村级实施“应保尽保”和“应扶尽扶”政策。在贫困村和贫困户识别与帮扶环节，除了基于现行自上而下的体制，也要融合自下而上的贫困群体包括贫困户主导参与的机制，同时购买独立第三方非关键利益相关者(例如本土民间机构、科研和大专院校的社会服务机构)的社会服务实施有效协助和监督。只有在国家提供足够的减贫投入情况下，才能大幅减少精准帮扶过程中对贫困群体(户)的排斥现象。

2. 采取正确的贫困村贫困户识别方法

在贫困户识别环节推行自下而上的参与式贫困群体识别方法，让社区群众代表(社区推荐的并非一般意义上的村民代表)和贫困户(申请者)直接参与到贫困群体识别过程，同时购买第三方社会服务，确保贫困识别过程的公开、公正、透明，并且可核查和可追责。“两项制度衔接”政策得到了贫困户和扶贫工作人员的高度评价，但实施绩效不高，最主要的原因是没有实现精准瞄准和精准帮扶，客观上存在对贫困群体的排斥现象，不仅很多贫困户在精准识别阶段被排斥在外，即使已经识别出来的贫困户也没有得到精准支持。部分地区精准扶贫没能实现的根本原因，包括自上而下完全由政府体系主导的缺乏贫困群体参与的贫困户识别机制，以及政府财政低投入和缺乏独立第三方社会服务机构介入的协助和监督机制等。

3. 提高帮扶单位和个人主动性

在贫困治理工作推进中，出现了一些形式主义等倾向性苗头性问题，如不及时解决，将影响脱贫攻坚进程，影响党和政府的形象。这要求帮扶单位和个人积极主动去研究、思考如何才能通过有效的措施解决贫困户最迫切的需求，这样不但能确保帮扶工作的顺利进行，而且也能调动起贫困户的脱贫积极性。部分帮扶工作人员每次来都只是嘘寒问暖，对贫困户真实的需求却不想办法解决，导致贫困户的真实需求得不到满足，长此以往不但打击了贫困户的脱贫积极性，而且使其对帮扶政策失去了信心。他们就会越来越不愿意表达自己的意愿，结对双方的沟通就会越来越少，得不到他们的反馈，帮扶单位和个人就会再次陷入形式主义之中，扶贫工作就会陷入一种不利的循环中，最终影响扶贫的整体效果。缺乏有效的沟通，无法取得贫困户的信任和认可，就无法调动贫困群体的积极性，相应的结对扶贫工作就无法有效地开展实施，限制了工作的进度，进而影响到帮扶工作的效果。除了通过大力宣传使群众了解政策的具体情况以外，还要落实公平公正、透明实际的扶贫办法，帮助贫困户重拾自信心，调动群众的参与愿望和积极性，使“我接受帮扶脱贫”转变为“我主动脱贫”。所谓“扶贫扶志”，干部要充分了解贫困户的真实需求，使他们改变“伸手等救助”的想法，既要密切关注又要适当放松，防止大包大揽，限制农户发展的灵活性。同时注意提升贫困户的整体素质，防止将救助资源挪用，使救助资源得到充分有效的利用。销售途径的单一也是影响村民脱贫的原因之一。干部需为农户发展寻找有条件的企业或是研究机构为村民进行专业技术的指导，提高其专业技能，以及在面临天灾的时候解决问题的能力；村里可以根据实际情况，申请建立专项的帮扶资金，帮助贫困户解决资金短缺无法自我创业脱贫致富的问题。

村务工作可以用“上面千条线、下面一根针”来形容。村委会作为一级村民自治组织，受乡镇政府的委托，承担了大量的公共管理事务，工作千头万绪、纷繁复杂，需要有一个能切实发挥有效作用的精干主体来承担起乡村治理的任务。为此，必须进一步落实乡村干部的工作责任，建立相应的监督检查和奖惩等工作制度，督促乡村干部履职尽责、公平公正地开展贫困人口瞄准等方面工作，确保乡村干部“不敢乱作为、不能乱作为、不想乱作为”，确保各项扶贫政策落到实处。

9.4 提高“贫困群体”治理效果的对策建议

1. 关注贫困群体的关键问题

养老保险维度的缺失最为严重。在“贫困群体”治理效果评估的维度分解中，养老保险在每个指定的维度下的贡献率都是最高的，表明今后相关的扶贫部门首先应该考虑的是提高贫困农户养老保险的参保率，保证贫困农户能够“老有所养”。山区耕地面积少，贫困农户普遍较多，家庭人均耕地面积不足的情况比较突出。种植业产出是贫困农户主要的收入来源，在山区耕地少和贫困人口多两方面都不可改变的前提下，一方面要想方设法提高单位耕地的收益，另一方面要发展多种经营，扩大贫困农户的收入来源。“收入比例”是根据家庭经营性收入、工资性收入、财产性收入和转移性收入整合而成，可反映家庭收入的多样化程度。收入结构单一的问题在极度贫困家庭中显得更为突出。建立多维贫困数据库，有重点地开展扶贫工作。应从多个维度对贫困农户的基本情况建档立卡，建立多维贫困数据库，全方位掌握了解当地的贫困情况，并且随着经济社会的发展不断补充新的维度。此外，当地政府应该形成系统化的贫困评价体系，将多维贫困的测量结果纳入其决策的参考内容中。根据多维贫困反映出的贫困维度的排序和类别分类可以将今后的扶贫政策表述为：优先将养老保险纳入扶贫范畴，其次要加快推进农村劳动力转移培训力度，发展多种经营，尤其要帮扶极度贫困农户扩大收入来源。

2. 明确贫困群体的主体地位

明确贫困农户的主体地位，提高扶贫政策的针对性。一方面，政府今后应持续推进特色经营的发展模式，改善农民收入结构，降低种植业收入在家庭总收入中的比重，并采取措施保证贫困农户参与到特色产业发展中来。另一方面，鉴于农户抵御自然和市场风险的能力很弱，政府应全力提高贫困农户抵御风险的能力；其一，政府拨付专项财政资金帮助贫困农户购买农业保险，以保证农户在自然灾害发生时可以得到基本的生产资料补偿；其二，继续完善由政府出面建立的“农户-企业”联系制度，发挥农户、企业在市场经济中的主体性作用，促进双方的互动交流，发展订单农业，建立农户和企业的风险共担、利益共享机制，提高农产品的商品化程度，降低市场风险。整村推进与零散帮扶相结合，完善基础设施建设。鉴于河谷坡面及半高山地区农户分散，在扶贫过程中，要在提高人口集中度的前提下坚持整村推进的战略。扶贫部门要说服居住分散的贫困农户搬迁，并由政府集中安置，为这些农户修建基础设施。要注意那些非贫困村中贫困农户的贫困问题，这些贫困农户呈现“插花分布”的特征，不能因其居住的分散性忽视对于这部分农户的扶贫工作。建议对这部分贫困农户单独建档立卡，单独帮扶。在基础设施的建设方面，尤其要加大居民饮水工程的建设，特别是在偏远地区要保证基础设施的建设延伸到末梢，即使“水电气路房”等设施建设延伸到农户家中，切实使贫困农户受益。

9.5 提高“贫困人口”治理效果的对策建议

精准扶贫脱贫首先要明确“扶持谁”“如何退”的问题，也就是要精准识别“贫困户”和“脱贫户”，做到扶贫对象精准、脱贫成效精准。从实际情况看，在每年“动态调整、有进有出”过程中，按照家庭年人均纯收入标准精准识别贫困户存在以下困难：实际工作中往往难以准确计算农民家庭的年人均纯收入。农户收入大部分是现金而非转账方式，基本上不记录收入台账，不仅各级组织而且农户自己都难以准确计算本户的年人均纯收入。对于一些严重收不抵支家庭是否认定为贫困户存在两难。从逻辑上看，“脱贫”是“贫困”的反面，应当适用同一标准进行判断，符合这一标准的应认定为贫困户，而不符合这一标准的则不应认定为贫困户或应认定为脱贫户。实际中，不少农民家庭虽然年人均纯收入高于脱贫标准但高得不多、仅够吃穿，其住房破败不安全，或者子女上学难承担，有的家人患大病更是生活艰难。一方面，如果严格按照家庭年人均纯收入标准来认定贫困户，那么这类家庭不属于贫困户。另一方面，从实际生活水平来看，这类家庭只实现了“两不愁”(不愁吃、不愁穿)却未实现“三保障”(保障住房安全、保障义务教育、保障基本医疗)，生活十分贫困，而且国家政策要求对贫困户实现“两不愁、三保障”后才能认定为脱贫。因此，实际工作中对此感到两难。

对老年人家庭如何认定贫困存在两难。在农村，子女结婚后通常建立新的家庭、另立居民户头、建起新房，只剩父母两个或一个老人单立户头，住原有的旧房，有的旧房破败不堪；老人仍然从事生产获取部分收入，同时子女也会给予部分赡养。有的农户女儿外嫁后，户口仍保留在娘家，法律上属于父母家庭的成员，造成对父母家庭是否贫困的识别困难。比如嫁给富裕户而本人无就业收入时，父母家庭可能被识别为贫困户，但实际上父母家庭因得到女儿资助而经济条件较好；嫁给贫困户而本人有就业收入时，父母家庭因得不到女儿资助而生活困难，但由于女儿收入被统计为父母家庭收入，因此不能被认定为贫困户。

1. 完善贫困户和脱贫的精准识别政策

按照“标准同一、含义相反”的原则研究完善“贫困户”和“脱贫”的定义。《中共中央 国务院关于打赢脱贫攻坚战的决定》提出，“到2020年，稳定实现农村贫困人口不愁吃、不愁穿，义务教育、基本医疗和住房安全有保障。”据此精神，建议将“脱贫”定义为农民家庭稳定实现“两不愁、三保障”并相应地将“贫困户”定义为未实现“两不愁、三保障”的农民家庭，而不是仅指农民家庭年人均纯收入低于2010年不变价的2300元。

关于“两不愁”的具体标准，建议设定为农民家庭年人均纯收入不低于2010年不变价的2300元。关于“住房安全有保障”的具体标准，建议设定为农民家庭的自住住房不属于住建部门定义的危房。关于“义务教育有保障”的具体标准，建议设定为农民家庭子女不会由于难以承担寄宿费、生活费等经济原因而不能接受义务教育。关于“基本医疗有保障”的具体标准，比较难以设定。从实际情况看，城乡各类群体患大病或慢性病虽然是小概率事件但每年都在部分人身上发生。患大病或慢性病者，因病种、就医地医疗价格水平、是否全疗程治疗等因素不同，所需的医疗总费用也不同。从患者及其家庭的意愿看，基本上希望全疗程治疗，即只要人活着、病未好，就一直治疗。但是随着医疗总费用的增加，能够自己承担的家庭越来越少；如果参加了基本医疗保险、大病保险、商业医疗保险，就能够让更多的患者进行全疗程治疗，但必然还有部分城乡家庭无力承担自付费用。为此，有的家庭选择放弃治疗，有的则选择借债治疗，导致因病致贫、返贫。从理想的目标来说，应该让每个患者，都能够接受全疗程治疗，对于其无力承担的自付费用由国家或社会予以补助，避免其放弃治疗或因病致贫、返贫。不过，在我国仍然属于发展中国家的现阶段，可能难以实现这一目标。目前国家采取的政策措施是：建立基本医疗保险制度、大病保险制度、医疗救助制度，并鼓励居民参加补充医疗保险、购买商业医疗保险，鼓励社会慈善。鉴于此，现阶段关于“因病致贫”还不宜笼统地定义为因患病借债治疗而贫困，建议定义为：农民家庭因收入低而未缴费参加基本医疗保险，或者无力承担基本医疗保险封顶线以下的自付费用。相应地将“基本医疗有保障”具体标准设定为：农民家庭参加了基本医疗保险（新农合或城乡居民基本医疗保险），且能够承担基本医疗保险封顶线以下的自付费用。针对“因病致贫”的扶贫措施包括：给予缴费补贴使其参加基本医疗保险；对符合规定的医疗费用自付部分给予补助。这样的标准能够保障绝大多数大病或慢性病患者接受全疗程治疗，而且财政补助支出上也可承担。

根据以上定义和具体标准，建议在认定“贫困户”和“脱贫户”时，推广一些地方的做法：一算账，计算农民家庭年人均纯收入是否超过本年度现价贫困线标准；二看房，看住房是否为危房；三看义务教育，看孩子是否能上小学、初中；四看基本医疗保障，看是否参加了基本医疗保险，且能够承担基本医疗保险封顶线以下的自付费用。其中任何一项指标低于标准的，认定为贫困户；所有指标均超过标准的，视为已脱贫。

研究完善在贫困户识别工作中“户”的定义。综合考虑农村老年人生活保障、财政支撑能力、防范“道德风险”、农村风俗习惯等多方面因素，建议在精准识别贫困户工作中，对农村老人户分类处理：(1)对户口与儿子、女儿或其他直系亲属同户的，以该共同户为家庭单位进行识别；(2)对老人户单立且本村无儿子同住的(包括无子女的、子女未居住在本村的、本村有女无子的)，以该老人户为家庭单位进行识别；(3)对老人户单立但本村有一个成年立户儿子的，将该老人户与成年儿子户作为一个家庭单位进行识别；(4)对老人户单立且本村有两个以上成年立户儿子的，将该老人户与其中经济条件最差的成年儿子户作为一个家庭单位进行识别。在衡量一个农民家庭是否实现了“两不愁、三保障”过程中，对住房是否为危房的判断可以由专业人员通过技术手段来做出，但对于家庭年人均纯收入、义务教育和基本医疗自付能力的判断，单靠政府部门和村民组织往往难以准确做出。建议推广实践中一些地方摸索出的经验，通过农户申报、村民评议、组织评估的程序和方式来核查农户经济状况，识别贫困户。这种程序和方式引入了“村民评议”环节，既能提高识别贫困户的绝对精准度(与脱贫标准相比较)，更能确保相对精准度(农户之间相互比较)，防止出现不贫困的家庭被认定为贫困户而真正的贫困家庭却未被认定为贫困户的现象。

2. 识别“贫困人口”时要处理好四个关系

建议在制定扶贫脱贫政策措施时处理好四个关系：一是贫困户与非贫困户的关系，既要扶持贫困户脱贫，又要避免受资助贫困户的生活水平远超低收入的非贫困户生活水平；二是当前脱贫与持久脱贫的关系，既要确保当前按期脱贫，又要能实现持久脱贫；三是扶贫政策与社会保障政策的关系，既要使两种政策相互补充，又要避免相互冲突；四是精准到户措施与区域扶贫措施的关系，既要重点采取精准到户措施，又要辅助采取区域扶贫措施。同时，建议制定每个贫困户的具体扶贫措施时遵循四个原则：一是有效性原则，即能够确保如期实现脱贫目标；二是长效性原则，即能够保障脱贫户在“十三五”时期后不返贫；三是内生性原则，即对于有劳动能力的贫困户要通过“造血”扶持其通过自身的努力实现脱贫，只有对无劳动能力的贫困户才“输血”；四是公平性原则，即平衡好贫困户之间以及贫困户与其他低收入群体之间的利益关系，让各方面都感到公平。

3. 实现“资金使用精准、到户措施精准”

实现“资金使用精准、到户措施精准”。分类施策。准确分析每个贫困户的致贫原因，尤其是要区分年人均纯收入低于脱贫标准的收入型贫困，以及不能保障住房安全、基本医疗、子女义务教育的支出型贫困，有针对性地按照“五个一批”分类施策。优先“造血”。对于年人均纯收入低于脱贫标准的收入型贫困户，只要有劳动能力的，首先要采取扶持发展产业、转移就业等措施，帮助其通过自身辛勤劳动提高收入水平；不能优先采取更不能仅仅采取“输血”措施来提高其收入水平。坚持标准。扶贫措施的目标是脱贫，即实现“两不愁、三保障”，既要确保实现这一目标，也不能超越这一目标，不能叠加给予各种扶持尤其是资金补助从而使脱贫户经济境况远远好于接近贫困线的非贫困户经济境况。要鼓励贫困户通过发展产业、转移就业等自身辛勤劳动不仅脱贫而且致富。完善低保。修改现行农村居民最低生活保障制度有关规定，使其与现行扶贫脱贫政策保持协调。规定对于农民家庭人均收入低于当地农村居民最低生活保障标准，且家庭财产状况符合当地人民政府规定条件的，当地人民政府及其有关部门首先应当通过帮助其发展产业、转移就业等提高收入水平；确实不能提高收入水平，以及完全或部分丧失劳动能力的，应当给予其最低生活保障。发展区域“大产业”带动贫困户“小产业”。结合不同贫困地区的资源禀赋，扶持发展特色种植养殖、旅游休闲、农村电商等本区域“大产业”，引导、带动、扶持贫困户参与其中发展“小产业”，抱团取暖、规模发展，提高产业脱贫的可持续性。做好为农村进城务工人员服务工作。以贫困劳动力为重点，大力开展职业培训和劳务输出，扩大和稳定其转移就业。维护其劳动保障权益，有序推进有条件有意愿的农村进城务工人员逐步市民化，实现家庭的长效脱贫。通过社会保障制度而非阶段性特别扶持政策来解决支出型贫困问题。按照扶贫脱贫“三保障”标准，完善现行危房改造、教育救助、基本医疗保险、大病保险、医疗救助等社会保障制度，并且使其覆盖包括农村贫困户、脱贫户在内的全体城乡家庭，使得无论是“十三五”时期还是此后时期，无论是目前的农村贫困户还是非贫困户，只要不能实现住房安全有保障、义务教育有保障、基本医疗有保障的，都能通过以上社会保障制度实现“三保障”。

4. 实现“扶贫先扶智”

贫困人口能否如期实现脱贫目标，不仅与外在的帮扶政策有关，更取决于内在的自身脱贫能力。为此，要建立扶智机制，不断提升贫困人口的脱贫能力，增强贫困人口脱贫动力，确保贫困人口按期脱贫、脱贫人口不返贫。

据统计，绝大多数贫困人口的贫困是受教育程度低、能力素质低下而导致的。扶贫先扶智，治贫先治愚。要加大扶贫政策及相关扶贫工作的宣传力度，创新方式方法，向群众大力宣传精准扶贫、精准脱贫最新政策，确保家喻户晓、人人皆知，努力营造人人关心扶贫、人人重视扶贫、人人支持扶贫、人人参与扶贫的良好氛围。乡村干部要在掌握政策的基础上进行全面宣传，利用各种宣传渠道消除扶贫政策的宣传盲区，提高群众对扶贫政策的知晓率，引导广大村民正确看待贫困“帽子”，充分认清贫困人口甄别的标准、条件和开展扶贫工作的重要意义，引导其积极关心、支持和参与扶贫工作，以免寻求“人情”“关系”等成为贫困人口的不良思想。要通过张贴宣传标语、发放扶贫手册、召开院坝会等形式，加大贫困人口的受教育力度，增强自身脱贫动力，使其自觉克服“等、靠、要”思想，让贫困群众看到希望，增强战胜贫困的信心，牢固树立吃苦耐劳、自力更生的观念，通过自身努力实现脱贫摘帽。

在开展扶贫攻坚的同时，要大力开展农村居民能力素质提升行动，促使其转变传统的习俗观念，提高贫困人口能力素质，增强自身“造血”功能和发展能力，从而实现脱贫致富。要坚持“因地、因时、因人制宜”的原则，围绕“市场需求、农民紧缺”等内容，加大贫困人口实用技术培训力度，大力开展种养殖、劳务用工等技能培训，确保每名适龄贫困人口均掌握1~2门实用技术，进一步提高农村劳动力整体素质，为加快农业结构调整提供有力的技术支撑和保障。同时，要鼓励用工单位优先录用符合用工条件的贫困人口，在政策上实行一定的奖励，进一步加大农村富余劳动力转移力度，积极拓宽贫困人口增收渠道。

参 考 文 献

1. “十三五”脱贫攻坚规划.

2. 扶贫蓝皮书：中国扶贫开发报告(2017).

3. 国民经济和社会发展第十三个五年规划纲要.

4. 中国农村扶贫开发纲要(2001—2010年).

5. 中国农村扶贫开发纲要(2011—2020年).

6. 中共中央 国务院关于打赢脱贫攻坚战的决定.

7. 中共中央 国务院关于打赢脱贫攻坚战三年行动的指导意见.

8.《中国扶贫开发年鉴》编委会. 中国扶贫开发年鉴[M]. 北京：团结出版社，2013—2017.

9. 国家统计局2004年中国农村贫困状况监测公报.2005-04-21.

10. 2010至2012年中国农村贫困人口减少近6700万,http://news.xinhuanet.com/politics/2013-12/25/c_118710379.htm.

11. 2011年我国农民工调查监测报告,http://www.stats.gov.cn/ztjc/ztfx/fxbg/201204/t20120427_16154.html.

12. 2012年度残疾人状况及小康进程监测报告,http://www.cdpsn.org.cn/policy/dt206l38414.htm.

13. 2013年度中国残疾人状况及小康进程监测报告,http://cn.chinagate.cn/reports/2014-08/20/content_33291104.htm.

14. 2013年国民经济和社会发展统计公报,http://www.stats.gov.cn/tjsj/zxfb/201402/t20140224_514970.html.

15. 2013中国基尼系数近10年最低,统计局称符合国情,http://news.xinhuanet.com/local/2014-01/20/c_126031680.htm.

16. Albert Parka, Sangui Wang. China's poverty statistics[J]. China Economic Review,2001(12).

17. Alcock, P. Understanding poverty[M]. London:The Macmillan Press Ltd.,1993.

18. Amartya Sen. Poverty and famines[R].International Labor Oranization,1981.

19. Amin S. Accumulation on a world scale [M]. New York: Monthly Review Press, 1974.

20. Amin S. Unequal development: an essay on the social formations of peripheral capitalism[M]. Sussex: Harvester Press, 1976.

21. Anderson, J. and Feder, G. Rural extension services[J]//R. Evenson, P. Pingali, and T.P. Schultz. Handbook of Agricultural Economics, 2002(III).

22. Anderson, J. and Feder, G. Agricultural extension: good intentions and hard realities[J]. The World Bank Research Observer, 2004, 19(1).

23. Atkinson A. B. Measuring poverty and differences in family composition [J]. Economica, 2003(16).

24. B. N. Ghosh. On measuring poverty: the case of Punjab[J]. Asian Profile, 1992 (12).

25. Baker J. Evaluating the poverty impact of projects: a handbook for practitioners [R]. World Bank, 1999(85).

26. Balisacan A.M. Averting hunger and food insecurity in Asia[J]. Asian Journal of Agriculture and Development, 2004(1).

27. Baltagi B.H. Nonstationary panels, panel cointegration, and dynamic panels[J]. Advances in Econometrics, 2000(15).

28. Beck T., Demirguc-Kunt A, Levine R. Finance, inequality, and poverty: cross-country evidence[R]. National Bureau of Economic Research, 2004.

29. Besley T., Burgess R. Halving global poverty [J]. The Journal of Economic Perspectives, 2003, 17(3).

30. Blackorby, C. and D. Donaldson. Measures of relative equality and their meaning of social welfare[J]. Journal of Economic Theory, 1980(18).

31. Bourguignon, F. and G. Fields. Discontinuous losses from poverty, generalized measures, and optimal transfers to the poor[J]. Journal of Public Economics, 1997 (63).

32. Buhong Zheng. Statistical inference for poverty measures with relative poverty lines[J]. Journal of Econometrics, 2001(101).

33. Chakravarty, S.R. Ethically flexible measures of poverty[J]. Canadian Journal of Economics, 1983(16).

34. Chakravarty, S. R. Ethical Social Index Numbers [M]. New York: Springer-Verlag, 1990.

35. Chakravarty, S. R. On Shorrocks reinvestigation of the Sen poverty index[J]. Econometrics, 1997(65).

36. Chantarat S., Barrett C. B.Social network capital, economic mobility and poverty traps[J]. The Journal of Economic Inequality, 2012(3).

37. Chen S., Wang Y. China's growth and poverty reduction: recent trends between 1990 and 1999[J]. World Bank Policy Research Working Paper, 2001(26).

38. Clements, M.A., Radelet, S., et al.Counting chickens when they hatch: the short-term effect of aid on growth [R]. Washington, DC: Center for Global Development, 2004.

39. Datt G., Ravallion M. Growth and redistribution components of changes in poverty measures: a decomposition with applications to Brazil and India in the 1980s[J]. Journal of Development Economics, 1992, 38(2).

40. Datt G. Computational tools for poverty measurement and analysis [R]. Washington, DC: International Food Policy Research Institute, 1998.

41. Deepa Narayan. Voices of the poor: can anyone hear us? [M]. Oxford: Oxford Unversity Press, 2001.

42. DeFina R. H., Thanawala K. International evidence on the impact of transfers and taxes on alternative poverty indexes[J]. Social Science Research, 2004, 33(2).

43. Dollar D., Kraay A. Growth is good for the poor[J].Journal of economic growth, 2002, 7(3).

44. Foster J., Greer J., Thorbecke E. A class of decomposable poverty measures[J]. Econometrica: Journal of the Econometric Society, 1984.

45. Foster, J.E. On economic poverty: a survey of aggregate measure[M]//R. L. Basman and G.F. Rhodes. Advances in Econometrics, 1983(3).Greenwich: JAI Press, 1984.

46. Foster, J.E.Greer, J.and Thorbecke, E.A class of decomposable poverty measure [J].Econometrica, 1984(52).

47. Glennerster H. United States poverty studies and poverty measurement: the past twenty-five years[J]. Social Service Review, 2002, 76(1).

48. Grootaert C., Oh G. T., Swamy A. Social capital, household welfare and poverty in Burkina Faso[J]. Journal of African Economies, 2002, 11(1).

49. Hans Binswanger and Alex F. McCalla. The changing context and prospects for

agricultural and rural development in Africa. In B. Evenson and P. Pingali, (Eds.), Handbook of Agricultural Economics, 2010(IV).

50. Harvey D. A brief history of neoliberalism [M]. Oxford: Oxford University Press, 2005.

51. Hensen, H., and Tarp, F. Aid effectiveness disputed[M]//F. Tarp, P. Hjertholm. Foreign aid and development: lessons learnt and directions for the future. London and New York: Routledge, 2000.

52. Herdt R. W. Development aid and agriculture [J]. Handbook of Agricultural Economics, 2010(4).

53. Howard Glennerster. United States poverty studies and poverty measurement: the past twenty-five years[J]. Social Service Review, 2002, 76(1).

54. Jain L. R., Tendulkar S. D. Role of growth and distribution in the observed change in headcount ratio measure of poverty: a decomposition exercise for India [J]. Indian Economic Review, 1990, XXV(2).

55. Janaiah, A., and Hossain, M. The productivity impact of the green revolution: the Indian experience [C]. Workshop on Green Revolution in Asia and its Applicability to Africa. Tokyo, Japan: Foundation for Advanced Studies on International Development, 2002.

56. Kakwani N., Khandker S., Hyun H. S. Poverty equivalent growth rate: with applications to Korea and Thailand[J]. General Information, 2003, 54(4).

57. Kakwani N., Pernia E. M. What is pro-poor growth? [J]. Asian development review, 2003(1).

58. Kakwani N., Son H. H., Qureshi S. K., et al. Pro-poor growth: concepts and measurement with country case studies[J]. The Pakistan Development Review, 2003, 42(4).

59. Kakwani N., Son H. H. On assessing pro-poorness of government programmes: international comparisons [M]//Kakwani N. et al. The many dimensions of poverty. New York: Palgrave Macmillan, 2007.

60. Kakwani N., Son H. H. Pro-poor growth: the Asian experience [R]. United Nations University-WIDER Paper, 2006(5).

61. Kakwani N. On measuring growth and inequality components of poverty with application to Thailand[J]. Journal of Quantitative Economics, 2000, 16(1).

62. Kakwani N. On a class of poverty measures [J]. Econometrica: Journal of the

Econometric Society,2007(6).

63. Kanbur R., Zhang X.Fifty years of regional inequality in China:a journey through central planning, reform, and openness[J]. Review of development Economics, 2005,9(1).

64. Klasen S. Economic growth and poverty reduction:measurement and policy issues [J].SSRN Electronic Journal,2005(10).

65. Knight J., Song L.Economic growth, economic reform, and rising inequality in China[J]. Economics Series Working Papers 99210,1999.

66. Kraay A. When is growth pro-poor? Cross-country evidence[R].World Bank Policy Research Working Paper 3225, 2004.

67. Kraay A. When is growth pro-poor? Evidence from a panel of countries[J]. Journal of development economics,2006,80(1).

68. Krueger,A.B., and Lindahl,M.Education for growth: why and for whom[J]. Journal of Economic Literature,2001, 39(4).

69. Kumar T. K., Gore A. P., Sitaramam V.Some conceptual and statistical issues on measurement of poverty[J]. Journal of Statistical Planning and Inference,1996, 49(1).

70. Lancaster G., Ray R., Valenzuela M.A cross-country study of equivalence scales and expenditure inequality on unit record house-hold budget data[J]. Review of Income and Wealth,1999(4).

71. Lin N.Social capital: a theory of social structure and action[M].Cambridge: Cambridge university press,2002.

72. M. Ravallion,G. Datt.How important to India's poor is the sectoral composition of economic growth? [J].World Bank Economic Review,1996,10 (1).

73. Martin Ravallion. Poverty comparisions[M]. Amsterdam: Harwood Academic Publishers,1993.

74. Martin Ravallion,陈少华.发展中国家比我们早先的设想更贫困,但反贫困斗争依然成功[R].世界银行政策研究工作论文,2008.

75. Martin Ravallion. On the coverage of public employment schemes for poverty alleviation[J]. Journal of Development Economics,1991(34).

76. Miller,S.M.,Rein,M.,Roby,P and Cross,B.Poverty, inequality and conflict [R].Annals of the American Academy of Political Science,1967.

77. Moser M. G. G., Ichida M. T. Economic growth and poverty reduction in Sub-

Saharan Africa[J].IMF Working Paper, 2001(112).

78. OECD. Promoting Pro-poor growth: a practical guide to ex-ante poverty impact assessment[R]. Paris: OECD, 2007.

79. Orshansky M. Counting the poor: another look at the poverty profile[J]. Social Security Bulletin, 1965(28).

80. Osberg, L. Poverty in Canada and the USA: measurement, trends and implications [J]. Canadian Journal of Economics, 2000(3).

81. Osberg, L. and K. Xu. Poverty intensity: how well do Canadian provinces compare? [J]. Canadian Public Policy, 1999, 25(2).

82. Osberg, L. and K. Xu. International comparison of poverty intensity: index decomposition and bootstrap inference [J]. Journal of Human Resources, 2000 (35).

83. Osberg, L. and K. Xu. International comparison of poverty intensity: index decomposition and bootstrap inference [J]. Department of Economics Working Paper, Dalbousie University, Halifax, Nova Scotia, Canada, 1997.

84. P. K. Chaubey. Measures of poverty: a nom-axiomatic treatment [J]. Indian Journal of Economics, 1988(Oct).

85. Park A., Wang S. China's poverty statistics[J]. China Economic Review, 2001, 12(4).

86. Perry G. Poverty reduction and growth: virtuous and vicious circles[J]. World Bank Publications, 2006.

87. Peter Saunders, Jonathan Bradshaw and Michael Hirst. Using household expenditure to develop an income poverty line [J]. Social Policy and Administration, 2002, 36(3).

88. Quah D. One Third of the world's growth and inequality[R]. WIDER Working Paper Series DP2002-38, 2002.

89. Ravallion M., Chen S. Measuring pro-poor growth[J]. Economics letters, 2003, 78(1).

90. Ravallion M., Chen S. China's (uneven) progress against poverty[J]. Social Science Electronic Publishing, 2004, 82(1).

91. Ravallion M. On the coverage of public employment schemes for poverty alleviation[J]. Journal of Development Economics, 1990, 34(1).

92. Ravallion M. Growth and poverty: evidence for developing countries in the 1980s

[J]. Economics letters,1995,48(3).
93.Ravallion M. Growth, inequality and poverty:looking beyond averages[J]. World development,2001,29(11).
94.Robert H. DeFina and Kishor Thanawala. International evidence on the impact of transfers and taxes on alternative poverty indexes[J]. Social Science Research, 2004(33).
95.Robert W.Herdt. Development aid and agriculture[J]. R.Evenson,P.Pingali,and T.P.Schultz Handbook of Agricultural Economics,2010(V).
96. Roodman, D. The anarchy of numbers: aid, development and cross-country empirics[R]. Washington: Center for Global Development,2004.
97.Rosenberg,R. Aid effectiveness in microfinance: evaluating microcredit projects of the World Bank and the United Nations Development Programme [R]. Washington: Consultative Group to Assist the Poor,2006.
98.Rowntree,Seebohm. Poverty:a story of town life[J].London:Macmillan,1901.
99.Rozelle, S. The impact of investments in agricultural research on total factor productivity in China[M].Wallingford:CABI Publishers,2003.
100.S. A. R. Sastry. Poverty: concepts and measurement [J]. Indian Journal of Economics,1980(Oct).
101.Saunders P., Bradshaw J., Hirst M.Using household expenditure to develop an income poverty line[J]. Social Policy & Administration,2002,36(3).
102.Sen A. On economic inequality[M].Oxford:Oxford University Press,1973.
103.Sen A. Poverty:an ordinal approach to measurement[J]. Econometrica:Journal of the Econometric Society,1976.
104.Sen A. Issues in the measurement of poverty[M]//Strøm S. Measurement in public choice. London: Palgrave Macmillan,1981.
105.A.K.Sen. Poverty:an ordinal approach to measurement[J].Econometrica, 1976, 44(2).
106.Sen, A. K. Poverty famines: an essay on entitlement and depravation[M]. Oxford: Oxford University Press, 1993.
107.Sen, A.K. On economic inequality[J]. Oxford: Oxford University Press,1997.
108.Sen,Amartya K.Poverty and famines: an essay on entitlement and deprivation [M]. Oxford: Oxford University Press,1981.
109.Serrano,L. Measurement error in schooling data: the OECD case[J].Applied

Economics Letters, 2003, 10(2).

110. Shaohua Chen and Martin Ravallion. China is poorer than we thought, but no less successful in the fight on poverty[J]. World Bank Policy Research Paper 4621, 2008.

111. Shlomo Yitzhaki. Do we need a separate poverty measurement? [J]. European Journal of Political Economy, 2002(18).

112. Son H.H. A new poverty decomposition[J]. The Journal of Economic Inequality, 2003, 1(2).

113. David Yanggen, et al. Why has impact assessment research not made more of a difference? [C]. International Conferencre on Impact of Agricultural Research and Development. San Joes: CIMMYT, 2002.

114. T. Krishna Kumark, Anil P. Gore. Some and V. Sitaramam. Conceptual and statistical issues on measurement of poverty[J]. Journal of Statistical Planning and Inference, 1996(49).

115. Takayama, N. Poverty, income inequality and their measures: professor Sen's axiomatic approach reconsidered[J]. Econometrica, 1979(47).

116. Townsend P. International analysis poverty[M]. New York: Routledge, 2014.

117. Ellen Wratten, et al. The international analysis of poverty[J]. British Journal of Sociology, 1995, 46(1).

118. Udaya Wagle. Rethinking poverty: definition and measurement[J]. International Social Science Journal, 2002, 54(171).

119. Villasenor J. A., Arnold B. C. Elliptical lorenz curves [J]. Journal of econometrics, 1989, 40(2).

120. Villaseñor J., Arnold B. C. The general quadratic Lorenz curve[M]. Mexico: Colegio de Postgraduados, 1984.

121. Watts H. W. An economic definition of poverty[R]. Archive 259600, 1969.

122. White H., Anderson E. Growth versus distribution: does the pattern of growth matter? [J]. Development Policy Review, 2001, 19(3).

123. White, H. The macroeconomic impact of development aid: a critical survey[J]. The Journal of Development Studies, 1992, 28(2).

124. The World Bank. Poverty and social impact analysis of reforms: lessons and examples from implementation[J]. World Bank Publications, 2003, 2006, 2009.

125. The World Bank. Promoting pro-poor growth, http://www. oecd. org/dac/

povertyreduction/43514554.pdf.
126. Judy L. Baker. Evaluating the poverty impact of projects: a handbook for practitioners[M]. Washington: The World Bank,1999.
127.The World Bank. Health,nutrition,population(HNP) and poverty at the World Bank:A summary of knowledge generation and dissemination activities[J].World Bank Working Paper,2000.
128.R. Kanbur, et al. World development report 2000/2001: attacking poverty[R]. Oxford:Oxford University Press,2001.
129.Yitzhaki S. Do we need a separate poverty measurement? [J]. European Journal of Political Economy,2002,18(1).
130.Zheng B. Statistical inference for poverty measures with relative poverty lines[J]. Journal of Econometrics,2001,101(2).
131. 阿尔柯克. 认识贫困[M]. 伦敦：麦克米伦出版社，1993.
132. 阿马蒂亚·森. 论社会排斥[J]. 北京：经济社会体制比较，2005(3).
133. 阿马蒂亚·森. 贫困与饥荒[M]. 北京：商务印书馆，2009.
134. 阿马蒂亚·森. 以自由看待发展[M]. 北京：中国人民大学出版社，2002.
135. 阿马蒂亚·森. 有关全球化的一个问题[J]. 国外社会科学文摘，2001(9).
136. 安树伟. 中国农村贫困问题研究：症结与出路[D]. 西安：陕西师范大学，1996.
137. 魏津生. 中国大城市贫困人口问题研究[M]//于学军，解振明. 中国人口发展评论：回顾与展望. 北京：中国人民大学出版社，2000.
138. 本刊首席时政观察员. 广东精准扶贫：中国亮点、世界模式[J]. 领导决策信息，2014(15).
139. 彬彬. 向贫困挑战[M]. 北京：人民出版社，1991.
140. 蔡昉，都阳，陈凡. 论中国西部开发战略的投资导向：国家扶贫资金使用效果的启示[J]. 世界经济，2000(11).
141. 曹凑贵，陈丰华，等. 村级生态农业的模糊综合评判[J]. 华中农业大学学报，1998(13).
142. 曹洪民. 中国农村开发式扶贫模式研究[D]. 北京：中国农业大学，2003.
143. 曹军会，何得桂，朱玉春. 农民对精准扶贫政策的满意度及影响因素分析[J]. 西北农林科技大学学报，2017(4).

144. 曾珍香，顾培亮. 可持续发展的系统分析与评价[M]. 北京：科学出版社，2000.
145. 常大勇，张丽丽. 经济管理中的模糊数学方法[M]. 北京：北京经济学院出版社，1995.
146. 畅红琴. 中国农村地区时间贫困的性别差异研究[J]. 山西财经大学学报，2010(2).
147. 陈爱雪，刘艳. 层次分析法的我国精准扶贫实施绩效评价研究[J]. 华侨大学学报，2017(1).
148. 陈标平，胡传明. 建国60年中国农村反贫困模式演进与基本经验[J]. 求实，2009(7).
149. 陈端计. 贫困经济学导论[M]. 乌鲁木齐：新疆大学出版社，1997.
150. 陈端计. 中国经济转型中的城镇贫困问题研究[M]. 北京：经济科学出版社，1999.
151. 陈飞，卢建词. 收入增长与分配结构扭曲的农村减贫效应研究[J]. 经济研究，2014(2).
152. 陈国权，王柳. 基于结果导向的地方政府绩效评估——美国凤凰城的经验及启示[J]. 浙江学刊，2006(2).
153. 陈海强，范云菲. 融资融券交易制度对中国股市波动率的影响——基于面板数据政策效应评估方法的分析[J]. 金融研究，2015(6).
154. 陈华东. 新时期西藏扶贫指标及标准探讨[J]. 西藏科技，2001(6).
155. 陈杰. 我国农村扶贫资金效率的理论与实证研究[D]. 长沙：中南大学，2007.
156. 陈全功，程蹊. 空间贫困及其政策含义[J]. 贵州社会科学，2010(8).
157. 陈全功，程蹊. 空间贫困理论视野下的民族地区扶贫问题[J]. 中南民族大学学报(人文社会科学版)，2011(1).
158. 陈少强，朱晓龙. 扶贫要在精准上下功夫[J]. 中国发展观察，2015(8).
159. 陈绍华，王燕，王威，等. 中国经济的增长和贫困的减少：1990—1999年的趋势研究[J]. 财经研究，2001(9).
160. 陈绍军，施国庆. 中国非自愿移民的贫困分析[J]. 甘肃社会科学，2003(5).
161. 陈绍军，等. 亚洲开发银行资助项目社会评价培训手册[Z]. 亚洲开放银行，2009.
162. 陈昕. 反贫困理论与政策研究综述[J]. 价值工程，2010(28).

163. 陈新，沈杨扬. 新时期中国农村贫困状况与政府反贫困政策效果评估：以天津市农村为案例的分析[J]. 南开经济研究，2014(3).
164. 陈银娥，高思. 社会福利制度反贫困的新模式——基于生命周期理论的视角[J]. 福建论坛(人文社会科学版)，2011(3).
165. 陈忠言. 中国农村扶贫中的跨部门协同机制分析[J]. 宁夏社会科学，2014(4).
166. 陈忠言. 中国农村开发式扶贫机制解析：以沪滇合作为例[J]. 经济问题探索，2015(2).
167. 陈宗胜，沈扬扬，周云波. 中国农村贫困状况的绝对与相对变动：兼论相对贫困线的设定[J]. 管理世界，2013(1).
168. 陈宗胜. 发展经济学：从贫困迈向富裕[M]. 上海：复旦大学出版社，2000.
169. 陈宗胜. 收入差别、贫困及失业[M]. 天津：南开大学出版社，2000.
170. 程丹峰，宁旭初，叶康涛. 中国财政扶贫政策分析[J]. 财贸经济，1998(4).
171. 程胜利. 经济全球化与当代中国城市贫困[M]. 北京：社会科学文献出版社，2007.
172. 崔扬. 农业保险补贴的扶贫效用研究[D]. 蚌埠：安徽财经大学，2017.
173. 达林太. 矿产资源开发利益分配研究[M]. 北京：社会科学文献出版社，2014.
174. 德国技术援助公司(GTZ)网站，http://www.gtz.de.
175. 邓成明. 中国贫困与反贫困的政治分析[M]. 长沙：湖南人民出版社，2001.
176. 邓国胜. 绩效评估的渐进指南[Z]. 香港政府，2000.
177. 邓树田. 恩格尔系数不宜列入生活质量评价指标体系[J]. 统计研究，1993(1).
178. 邓维杰. 精准扶贫的难点、对策与路径选择[J]. 农村经济，2014(6).
179. 邓维杰. 贫困村分类与针对性扶贫开发[J]. 农村经济，2013(5).
180. 邓瑶. 藉国外扶贫开发政策之力推进我国扶贫工作跨越式发展[J]. 商业文化，2011(6).
181. 迪帕·纳拉扬，拉伊·帕特尔. 谁倾听我们的声音[M]. 付岩梅，译. 北京：中国人民大学出版社，2001.
182. 董家丰. 少数民族地区信贷精准扶贫研究[J]. 贵州民族研究，2014(7).

183. 杜为公，王静. 麻城市乘马岗镇农地流转情况调查研究[J]. 武汉轻工大学学报，2017(2).
184. 杜为公，王静. 湖北省大型扶贫计划的政策效应研究：基于"反事实"思想的实证分析[J]. 农林经济管理，2017(5).
185. 杜为公. 我国贫困度量与贫困线调整问题研究[J]. 经济管理，2016(12).
186. 杜为公. 我国贫困识别与度量方法研究[J]. 劳动保障世界，2016(12).
187. 杜为公. 我国贫困治理理论、方法与路径研究[J]. 消费导刊，2016(12).
188. 杜为公. 西方农民经济学新发展研究[M]. 武汉：湖北人民出版社，2018.
189. 杜为公. 西方农业经济学新发展研究[M]. 北京：中国人民大学出版社，2016.
190. 杜为公. 转型期的中国城市贫困问题及治理[J]. 当代经济管理，2017(6).
191. 杜为公，等. 土地对农民不同类型收入的影响：基于长江干流10省(市)的面板数据[J]. 江苏农业科学，2017(16).
192. 杜为公，等. 我国农业剩余劳动力数量评估研究[J]. 温州职业技术学院学报，2016(12).
193. 杜为公，等. 西方粮食经济理论与方法新进展研究[M]. 武汉：湖北人民出版社，2014.
194. 杜为公，等. 西方区域经济学新发展研究[M]. 武汉：湖北人民出版社，2014.
195. 段应碧. 中国农村扶贫开发：回顾与展望[J]. 农业经济问题，2009(11).
196. 发展援助委员会(DAC)网站，http://www.oecd.org/development/.
197. 樊怀玉. 贫困论：贫困与反贫困的理论与实践[M]. 北京：民族出版社，2002.
198. 樊胜根，张林秀，张晓波. 经济增长、地区差距与贫困：中国农村公共投资研究[M]. 北京：中国农业出版社，2002.
199. 樊胜根. 农业科研与贫困[M]. 北京：中国农业出版社，2005.
200. 方黎明，张秀兰. 中国农村扶贫的政策效应分析：基于能力贫困的考察[J]. 财经研究，2007(12).
201. 方清云. 贫困文化理论对文化扶贫的启示及对策建议[J]. 广西民族研究，2012(4).
202. 冯朝睿. 连片特困地区多中心协同反贫困治理的初步构想[J]. 云南社会

科学，2014(4).
203. 冯素杰，陈朔. 论经济高速增长中的相对贫困[J]. 现代财经，2006(1).
204. 冯文荣，杨银海. 我国城镇化进程对贫困贡献度的实证研究[J]. 上海经济研究，2005(10).
205. 甘健胜，黄泽民. 城镇居民恩格尔系数降速放缓趋势及其因素分析——基于运用分形分析方法的研究[J]. 管理世界，2006(12).
206. 冈纳·缪尔达尔. 亚洲的戏剧：对一些国家贫困问题的研究[M]. 北京：北京经济学院出版社，1992.
207. 冈纳·缪尔达尔. 世界贫困的挑战：世界反贫困大纲[M]. 顾朝阳，等，译. 北京：北京经济学院出版社，1991.
208. 高波. 基于人本导向的财政扶贫综合绩效评价研究[D]. 长沙：湖南大学，2016.
209. 高洪深. 经济系统分析导论[M]. 北京：中国审计出版社，1998.
210. 高鸿宾，王卫民，黄承伟. 扶贫开发规划研究[M]. 北京：中国财政经济出版社，2001.
211. 高亮之. 农业系统学基础[M]. 南京：江苏科学技术出版社，1993.
212. C. 格鲁特尔特. 社会资本在发展中的作用[M]. 成都：西南财经大学出版社，2004.
213. 葛志军，邢成举. 精准扶贫：内涵、实践困境及其原因阐释[J]. 贵州社会科学，2015(5).
214. 谷宏伟. 贫困、增长与收入分配差距：基于中、印、俄、巴四国 Panel Data 模型的分析[J]. 财经问题研究，2007(8).
215. 顾培亮. 系统分析[M]. 北京：机械工业出版社，1991.
216. 顾昕. 贫困度量的国际探索与中国贫困线的确定[J]. 天津社会科学，2011(1).
217. 关信平. 中国城市贫困问题研究[M]. 长沙：湖南人民出版社，1999.
218. 郭凡生. 贫困与发展[M]. 杭州：浙江人民出版社，1988.
219. 郭锦辉. 完善制度构建确保精准扶贫[N]. 中国经济时报，2014-07-01(002).
220. 郭瑞香. 贫困与受艾滋病影响的妇女[M]//赵群，王云仙. 社会性别与妇女贫困治理. 北京：社会科学文献出版，2011.
221. 郭熙保. 从发展经济学观点看待库兹涅茨假说：兼论中国收入不平等扩大的原因[J]. 管理世界，2002(3).

222. 国家统计局. 2004 年中国农村贫困状况监测公报，http://www.stats.gov.cn/tjsj/tjgb/qttjgb/qgqttjgb/200504/t20050421_30614.html.

223. 国家统计局. 2012 年农村有 9899 万贫困人口，http://bbs1.people.com.cn/post/1/1/1/136920427.html.

224. 国家统计局. 中国农村贫困监测报告(2018)[M]. 北京：中国统计出版社，2018.

225. 国家统计局. 2013 年国民经济和社会发展统计公报，国家统计局网站，2014-02-24.

226. 国家统计局农村经济社会调查总队. 中国农村贫困监测报告[M]. 北京：中国统计出版社，2005.

227. 国家统计局农村社会经济调查总队. 中国农村贫困监测报告[M]. 北京：中国统计出版社，2000.

228. 国家统计局农村社会经济调查总队. 中国农村贫困监测报告[M]. 北京：中国统计出版社，2001.

229. 国家统计局住户调查办公室. 中国农村贫困监测报告 2015[M]. 北京：中国统计出版社，2015.

230. 国家统计局住户调查办公室. 中国农村贫困监测报告 2016[M]. 北京：中国统计出版社，2016.

231. 国家统计局住户调查办公室. 中国农村贫困监测报告 2017[M]. 北京：中国统计出版社，2017.

232. 国家统计局住户调查办公室. 中国农村贫困监测报告 2018[M]. 北京：中国统计出版社，2018.

233. 国务院. 中国农村扶贫开发纲要(2011—2020)[Z]. 新华社，2012.

234. 国务院扶贫开发领导办公室. 中国农村扶贫开发概要[M]. 北京：中国财政经济出版社，2003.

235. 国务院贫困地区经济开发领导小组办公室. 国外贫困研究文献译丛[M]. 北京：改革出版社，1993.

236. 国务院新闻办公室. 中国农村扶贫开发的新进展[M]. 北京：人民出版社，2011.

237. 杭斌，申春兰. 经济转型中消费与收入的长期均衡关系和短期动态关系：中国城镇居民消费行为的实证分析[J]. 管理世界，2004(5).

238. 郝冰冰，罗盛锋，黄燕玲，李筱琳. 国内外旅游扶贫效应文献量化分析与研究综述(2000—2016 年)[J]. 中国农业资源与区划，2017(9).

239. 何爱平. 不同时期贫困问题的经济学理论阐释及现代启示[J]. 福建论坛(人文社会科学版), 2011(7).
240. 何平, 高杰, 张锐. 家庭欲望、脆弱性与收入-消费关系研究[J]. 经济研究, 2010(10).
241. 亨廷顿. 变化社会中的政治秩序[M]. 上海: 上海人民出版社, 2008.
242. 洪兴建. 贫困指标理论研究述评[J]. 经济评论, 2005(5).
243. 侯震. 我国现行农村贫困线问题研究[J]. 农业经济导刊, 2007(1).
244. 胡兵, 赖景生. 经济增长、收入分配与贫困缓解: 基于中国农村贫困变动的实证分析[J]. 数量经济技术经济研究, 2007(5).
245. 胡久清, 彭勇行. 系统工程[M]. 北京: 中国统计出版社, 1999.
246. 胡联, 孙永生, 王娜, 等. 贫困的形成机理: 一个分析框架的探讨[J]. 经济问题探索, 2012(2).
247. 黄承伟, 刘欣. "十二五"时期我国反贫困理论研究述评[J]. 云南民族大学学报, 2016(2).
248. 黄承伟, 覃志敏. 论精准扶贫与国家扶贫治理体系建构[J]. 中国延安干部学院学报, 2015(1).
249. 黄承伟, 覃志敏. 我国农村贫困治理体系演进与精准扶贫[J]. 开发研究, 2015(2).
250. 黄承伟, 王小林, 徐丽萍. 贫困脆弱性: 概念框架和测量方法[J]. 农业技术经济, 2010(8).
251. 黄承伟. 贫困程度动态监测模型与方法[J]. 广西社会科学, 2001(1).
252. 黄承伟. 贫困脆弱性: 概念框架和测量方法[J]. 农业技术经济, 2010(8).
253. 黄承伟. 中国反贫困: 理论、方法、战略[M]. 北京: 中国财政经济出版社, 2002.
254. 黄承伟. 中国扶贫行动[M]. 北京: 五洲传播出版社, 2015.
255. 黄承伟. 中国农村反贫困的实践与思考[M]. 北京: 中国财政经济出版社, 2004.
256. 黄春燕, 蒋乃华. 食品价格上涨、生活水平下降与政策方案选择[J]. 农业经济问题, 2013(12).
257. 黄贵荣. 失衡的世界: 20 世纪人类的贫困现象[M]. 重庆: 重庆出版社, 2000.
258. 黄季焜, S. Rozelle, 章奇. 中国的宏观经济政策, 贸易自由化与贫困

[C]. 北京大学“林毅夫发展论坛”论文集，2004.
259. 黄科. 对我国农村扶贫政策的回顾与思考[J]. 中国经贸导刊，2010(4).
260. 黄思铭，等. 综合性扶贫效果评价指标体系与模型研究[D]. 南宁：广西大学，2001.
261. 黄特军. 扶贫自愿性移民搬迁的模式研究与效果评价[D]. 南宁：广西大学，2002.
262. 黄泽海，侯春娥. 自组织理论视阈下构建扶贫开发与生态建设协同创新的组织模式研究[J]. 湖南省社会主义学院学报，2015(1).
263. 吉尔德. 财富与贫困[M]. 上海：上海译文出版社，1985.
264. 吉斯塔夫·勒庞. 乌合之众：大众心理研究[M]. 北京：中央编译出版社，2005.
265. 贾兰. 我国反贫困理论中有关扶贫项目运作研究述评[J]. 理论探讨，2003(4).
266. 简小鹰，刘胜安. 社区自主型发展理论与实践[M]. 北京：光明日报出版社，2012.
267. 江西省农村贫困问题研究课题组. 农村区域性贫困标准及脱贫进程指标体系研究[J]. 调研世界，1999(12).
268. 蒋乃华，黄春燕. 人力资本、社会资本与农户工资性收入：来自扬州的实证[J]. 农业经济问题，2006(11).
269. 焦国栋，廖富洲. 扶贫攻坚中的返贫现象透视[J]. 学习论坛，2001(1).
270. 焦璐. 农村扶贫政策的绩效评估——以陕西省农村扶贫政策为例[J]. 内蒙古工业大学学报(社会科学版)，2009(1).
271. 金莲，李小军. 农村义务教育政策对农村贫困的影响评估[J]. 中国农村经济，2007(1).
272. 金晓彤，闫超. 我国不同区域城镇居民消费与收入收敛性的实证研究[J]. 经济科学，2011(2).
273. 经济合作与发展组织(OECD)网站，http://www.oecdchina.org/.
274. 卡尔·帕顿，大卫·沙维奇. 公共政策分析和规划的初步方法[M]. 华夏出版社，2001.
275. 康涛. 关于我国农村贫困与反贫困的研究[J]. 东北农业大学学报，2002(4).
276. 康晓光. 中国贫困与反贫困理论[M]. 南宁：广西人民出版社，1995.
277. 匡远配. 中国扶贫政策和机制的创新研究综述[J]. 农业经济问题，2005

(8).
278. 乐章. 反贫困与社会发展：关于农村扶贫开发的一个实证分析[J]. 中南财经政法大学学报，2005(1).
279. 冷志明，雷亿辉. 基于新区域主义的我国连片贫困区开发研究[J]. 经济地理，2011(4).
280. 李秉龙. 中国农村贫困、公共财政与公共物品[M]. 北京：中国农业出版社，2004.
281. 李炳炎，王冲. 包容性增长：基于相对贫困视角下的探析[J]. 中国流通经济，2012(9).
282. 李国纲，李宝山. 管理系统工程[M]. 北京：中国人民大学出版社，1993.
283. 李纪恒. 贫困地区发展论[M]. 北京：中共中央党校出版社，1997.
284. 李建德. 恩格尔定律在我国的适应性[J]. 经济研究，1984(6).
285. 李金昌，窦雪霞. 经济转型时期中国农村居民消费与收入关系变迁实证分析[J]. 中国农村经济，2007(7).
286. 李金华. 中国可持续发展核算体系(SSDA)[M]. 北京：社会科学文献出版社，2000.
287. 李静，杨国涛，孟令杰. 贫困线：理论、应用及争议[J]. 农业经济，2006(7).
288. 李军. 中国城市反贫困论纲[M]. 北京：经济科学出版社，2004.
289. 李鹍，叶兴建. 农村精准扶贫：理论基础与实践情势探析：兼论复合型扶贫治理体系的建构[J]. 福建行政学院学报，2015(2).
290. 李鹍. 精准扶贫：恩施市龙凤镇的政策背景、实施现状与对策建议[J]. 清江论坛，2014(4).
291. 李鹍. 论精准扶贫的理论意涵、实践经验与路径优化：基于对广东省和湖北恩施的调查比较[J]. 山西农业大学学报(社会科学版)，2015(8).
292. 李敏. 三农问题解决途径的系统思考[J]. 经济问题探索，2005(8).
293. 李培林. 农民工：中国进城农民工的经济社会分析[M]. 北京：社会科学文献出版社，2003.
294. 李全利. 扶贫治理的“四大陷阱”及现代化转向[J]. 甘肃社会科学，2018(2).
295. 李瑞华. 贫困与反贫困的经济学研究：以内蒙古为例[M]. 北京：中央编译出版社，2014.

296. 李实，赵人伟. 收入差距还会持续扩大吗[J]. 中国改革，2006(10).
297. 李实. 阿玛蒂亚·森与他的主要经济学贡献[J]. 改革，1999(1).
298. 李向阳. 广东“双到”扶贫模式的示范意义[J]. 开放导报，2015(4).
299. 李小云，李周，唐丽霞，等. 参与式贫困指数的开发与验证[J]. 中国农村经济，2005(5).
300. 李小云. 参与式发展概论[M]. 北京：中国农业大学出版社，2001.
301. 李晓辉，徐晓新，等. 应对经济新常态与发展型社会政策：以社会扶贫机制创新为例[J]. 江苏社会科学，2015(2).
302. 李兴江，陈怀叶. 参与式扶贫模式的运行机制及绩效评价[J]. 开发研究，2008(2).
303. 李幸，文博. 从恩格尔系数看中国居民的食物消费[J]. 农村经济，2004(2).
304. 李学林. 社会转型与中国社会弱势群体[M]. 成都：西南交通大学出版社，2005.
305. 李雪萍，王蒙. 多维贫困“行动-结构”分析框架下的生计脆弱：基于武陵山区的实证调查与理论分析[J]. 华中师范大学学报(人文社会科学版)，2014(5).
306. 联合国开发计划署(UNDP)网站，http://www.undp.org/.
307. 联合国开发计划署. 亚太区域人类发展报告，http://gongyi.163.com/16/0504/11/BM7H6CCU009363EC.html.
308. 林伯强. 中国的经济增长、减少贫困与政策选择[J]. 经济研究，2003(12).
309. 林伯强. 农村电气化效益综合评价模型[J]. 金融研究，2002(12).
310. 林万龙，钟玲，陆汉文. 合作型反贫困理论与仪陇的实践[J]. 农业经济问题，2008(11).
311. 林文曼. 海南农村精准扶贫项目绩效评估实证研究[J]. 中国农业资源与区划，2017(4).
312. 林雪霏. 我国场域内的反贫困逻辑：基于多维理论视角[J]. 重庆社会科学，2014(9).
313. 林毅夫. 贫困、增长与平等：中国的经验和挑战[J]. 中国国情国力，2004(8).
314. 刘朝明，张衔. 扶贫攻坚与效益衡定分析方法——以四川省阿坝、甘孜、凉山自治州为样本点[J]. 经济研究，1999(7).

315. 刘纯彬. 我国贫困人口标准再探讨[J]. 人口研究, 2006(6).
316. 刘冬梅. 中国政府开发式扶贫资金投放效果的实证研究[J]. 管理世界, 2001(6).
317. 刘芳. 贫困地区农村金融减贫效应、运作机理与路径选择研究[D]. 西安: 陕西师范大学, 2016.
318. 刘华蓉. 大众传媒与政治[M]. 北京: 北京大学出版社, 2001.
319. 刘建华, 丁重扬, 王纪成. 贫困理论比较研究与中国反贫困实践[R]. 程恩富, 等. 外国经济学说与中国研究报告(2014). 北京: 社会科学文献出版社, 2014.
320. 刘建平. 贫困程度测度方法与实证分析[J]. 济南学报, 2003(3).
321. 刘建平. 贫困线测定方法研究[J]. 山西财经大学学报, 2003(8).
322. 刘建生, 惠梦倩. 精准扶贫第三方评估: 理论溯源与双 SMART 框架[J]. 南昌大学学报, 2017(2).
323. 刘俊生, 何炜. 从参与式扶贫到协同式扶贫: 中国扶贫的演进逻辑——兼论协同式精准扶贫的实现机制[J]. 西南民族大学学报, 2017(12).
324. 刘胜安. 社区自主型发展[M]. 北京: 光明日报出版社, 2012.
325. 刘惟洲, 时东萍. 农村经济弱势群体帮扶机制的完善[J]. 山东工商学院学报, 2004(4).
326. 刘文璞. 地区经济增长和减扶贫困[M]. 太原: 山西经济出版社, 1997.
327. 刘玉森, 李玉芬. 建立和采用脱贫指标体系的探究[J]. 新疆农垦经济, 1995(2).
328. 卢梭. 论人类不平等的起源和基础[M]. 北京: 商务印书馆, 1997.
329. 卢艳霞. 社会组织参与农村扶贫研究[D]. 长沙: 中南大学, 2012.
330. 陆汉文, 梁爱有. 第三方评估与贫困问题的民主治理[J]. 中国农业大学学报, 2017(5).
331. 陆杰华. 人力资源开发与缓解贫困[M]. 北京: 中国人口出版社, 1999.
332. 罗必良. 从贫困走向富饶[M]. 重庆: 重庆出版社, 1991.
333. 罗伯特·达尔. 论民主[M]. 北京: 中国人民大学出版社, 2012.
334. 罗楚亮. 经济增长、收入差距与农村贫困[J]. 经济研究, 2012(2).
335. 罗刚, 刘小梅. 中国财政扶贫问题研究[M]. 北京: 中国财政经济出版社, 2000.
336. 罗良清, 刘逸置. 标杆管理在地方政府绩效评估中的应用[J]. 统计教育, 2014(5).

337. 罗绒战堆. 西藏的贫困与反贫困问题研究[M]. 北京：中国藏学出版社，2002.
338. 罗时法. 消除贫困：正在实现的目标[M]. 贵阳：贵州教育出版社，2003.
339. 骆祚炎. 对恩格尔系数测定贫困线的思考[J]. 改革与战略，2006(2).
340. 骆祚炎. 利用线性支出系统ELES测定贫困线的实证分析——兼比较几种贫困标准[J]. 当代财经，2006(3).
341. 吕方. 发展的想象力：迈向连片特困地区贫困治理的理论创新[J]. 中共四川省委省级机关党校学报，2012(3).
342. 吕书奇. 中国农村扶贫政策及成效研究[D]. 北京：中国农业科学院，2008.
343. 马丁·瑞沃林. 贫困的比较[M]. 北京：北京大学出版社，2005.
344. 马光选，刘强. 整合式扶贫：一种新的扶贫治理模式的尝试性阐释——以大理州扶贫治理经验为例[J]. 贵州财经大学学报，2017(6).
345. 马敏娜，车延杰. 城镇居民贫困线计算方法的比较[J]. 技术经济，2000(10).
346. 马新文，冯睿. 采用扩展线性支出模型测量西安市贫困线研究[J]. 软科学，2005(6).
347. 毛捷，汪德华. 扶贫与地方政府公共支出：基于"八七扶贫攻坚计划"的经验研究[J]. 经济学(季刊)，2012(4).
348. 美国城市研究所(UI)网站，http://www.urban.org/.
349. 美国法律和社会政策中心(CLASP)网站，http://www.clasp.org/.
350. 美国工业生产力研究中心(IIP)网站，http://www.iipnetwork.org/.
351. 美国国家农业图书馆网站，http://www.nal.usda.gov/.
352. 糜仲春，程永宏. 社会保障制度中贫困线和贫困率的测算[J]. 上海经济研究，2001(2).
353. 莫泰基. 香港贫困和社会保障[M]. 北京：中华书局，1993.
354. 迪帕·纳拉扬，等. 呼唤变革[M]. 北京：中国人民大学出版社，2003.
355. 迪帕·纳拉扬，帕蒂·皮特施. 在广袤的土地上[M]. 北京：中国人民大学出版社，2004.
356. 倪慧群，黄宏，钟耿涛. 对广东省"双到"扶贫开发模式的思考[J]. 广东农业科学，2011(17).
357. 欧共体委员会. 官方贫困线和经济政策制度[C]//欧共体委员会. 福利国

家论文集. 布鲁塞尔：欧共体委员会，1993.
358. 欧洲政策研究中心(CEPS)网站，http://www.ceps.be.
359. 彭维湘. 多变量综合的主成分旋转法研究[J]. 数量经济技术经济研究，2005(6).
360. 钱力，倪修凤，宋俊秀. 连片特困区精准扶贫多维绩效模糊评价——以安徽省大别山区为例[J]. 华东经济管理，2018(3).
361. 秦朵. 居民消费与收入关系的总量研究[J]. 经济研究，1990(7).
362. 秦建军，武拉平. 财政支农投入的农村减贫效应研究[J]. 财贸研究，2011(3).
363. 秦瑞芳，闫翅鲲. “共生”视角下的农村教育扶贫路径探讨[J]. 教学与管理，2011(24).
364. 邱东. 多指标综合评价方法的系统分析[M]. 北京：中国统计出版社，1991.
365. 曲元宁. 民工的权益谁来保障？[J]. 社会观察，2004(5).
366. 任福耀. 中国反贫困理论与实践[M]. 北京：人民出版社，2003.
367. 任燕顺. 对整村推进扶贫开发模式的实践探索与理论思考：以甘肃省为例[J]. 农业经济问题，2007(8).
368. 阮敬. 中国农村亲贫困增长测度及其分解[J]. 统计研究，2007(11).
369. 萨米尔·阿明. 不平等的发展[M]. 北京：商务印书馆，2000.
370. 山西省农村发展研究中心. 贫困地区工作研究[M]. 太原：山西人民出版社，1987.
371. 邵宗明，周金城. 恩格尔定律在我国的适应性[J]. 统计研究，1985(1).
372. 申秋. 中国农村扶贫政策的历史演变和扶贫实践研究反思[J]. 江西财经大学学报，2017(1).
373. 沈茂英. 四川藏区精准扶贫面临的多维约束与化解策略[J]. 农村经济，2015(6).
374. 沈荣根. 关于绍兴市1996年以来收养子女情况的调查报告[J]. 当代人口，2002(2).
375. 盛来运. 经济增长和收入分配对农村贫困变动的影响[J]. 中国农村观察，1997(6).
376. 石友金. 反贫困行为研究[M]. 南昌：江西人民出版社，1999.
377. 世界银行. 2000/2001年世界发展报告：与贫困作斗争[M]. 北京：中国财政经济出版社，2001.

378. 世界银行. 1980 年世界发展报告[M]. 北京：中国财政经济出版社，1980.
379. 世界银行. 1989 年世界发展报告：贫困问题[M]. 北京：中国财政经济出版社，1989.
380. 世界银行. 1990 年世界发展报告[M]. 北京：中国财政经济出版社，1990.
381. 世界银行. 1998/1999 年发展报告：知识与发展[M]. 北京：中国财政经济出版社，1999.
382. 世界银行. 从贫困地区到贫困人群：中国扶贫议程的演进，http://www.worldbank.org.cn/china.
383. 授权发布：中共中央 国务院关于打赢脱贫攻坚战的决定，http://www.xinhuanet.com/politics/2015-12/07/c_1117383987.htm.
384. 舒尔茨. 论人力资本投资[M]. 北京：北京经济出版社，1990.
385. 宋宪萍，张剑军. 基于能力贫困理论的贫困治理对策构建[J]. 海南大学学报(人文社会科学版)，2010(1).
386. 苏良军，何一峰，金赛男. 中国城乡居民消费与收入关系的面板数据协整研究[J]. 世界经济，2006(5).
387. 孙春雷，张明善. 精准扶贫背景下旅游扶贫效率研究——以湖北大别山区为例[J]. 中国软科学，2018(4).
388. 孙鹤，等. 发展战略、经济增长与云南农业剩余劳动力转移[J]. 经济问题探索，2005(5).
389. 孙建北. 贫困与扶贫[M]. 北京：中共中央党校出版社，2004.
390. 孙同全，孙贝贝. 社区主导发展理论与实践述评[J]. 中国农村观察，2013(4).
391. 孙文爽，陈兰祥. 多元统计分析[M]. 北京：高等教育出版社，1994.
392. 孙燕. 经济转型时期我国城镇居民消费与收入的长期均衡关系[J]. 系统工程，2007(4).
393. 孙中良，余芳梅. 贫困理论视角下水库移民贫困治理路径的转变[J]. 贵州社会科学，2009(2).
394. 谭崇台. 论快速增长与“丰裕中贫困”[J]. 经济学动态，2002(11).
395. 谭诗斌. 现代贫困学导论[M]. 武汉：湖北人民出版社，2012.
396. 唐海英. 农村扶贫机制的现实要求[J]. 理论前沿，2000(3).
397. 唐均. 国际确定最低社会保障线方法之研究[J]. 中国民政，1995(3).

398. 唐钧. 确定中国城镇贫困线方法的探讨[J]. 社会学研究，1997(2).
399. 唐钧. 中国城市居民贫困线研究[M]. 上海：上海科学出版社，1994.
400. 唐丽霞，罗江月，李小云. 精准扶贫机制实施的政策和实践困境[J]. 贵州社会科学，2015(5).
401. 唐顺富. 不能简单用恩格尔系数衡量农民富裕程度[J]. 农业经济问题，1992(11).
402. 唐晓光. 中国贫困与反贫困理论[M]. 南宁：广西人民出版社，1995.
403. 特奥托尼奥·多斯桑托. 帝国主义与依附[M]. 北京：社会科学文献出版社，1999.
404. 田飞. 用贫困指数测度安徽农村贫困线[J]. 合肥学院学报(社会科学版)，2010(3).
405. 田龙鹏. 1978年以来中国农村改革的减贫效应研究[D]. 湘潭：湘潭大学，2016.
406. 田毅鹏. 东亚“新发展主义”研究[M]. 北京：中国社会科学出版社，2009.
407. 佟丽华、肖卫东. 中国农民工维权成本调查报告，http://www.cnlsslaw.com/list.asp? Unid=2506.
408. 童星，林闽钢. 我国农村贫困标准线研究[J]. 中国社会科学，1993(3).
409. 涂永红. 国外如何开发落后地区[J]. 求是，2004(11).
410. 万广华，张茵. 收入增长与不平等对我国贫困的影响[J]. 经济研究，2006(6).
411. 汪段泳，刘振光. 国外反贫困理论研究的新进展[J]. 江汉论坛，2007(5).
412. 汪三贵，郭子豪. 论中国的精准扶贫[J]. 贵州社会科学，2015(5).
413. 汪三贵，Albert Park. 中国农村贫困人口的估计与瞄准问题[J]. 贵州社会科学，2010(2).
414. 汪三贵. 农业经济与科技发展研究[M]. 北京：中国农业科学技术出版社，1996.
415. 汪三贵. 贫困问题与经济发展政策[M]. 北京：农村读物出版社，1994.
416. 汪三贵. 在发展中战胜贫困——对中国30年大规模减贫经验的总结与评价[J]. 管理世界，2008(11).
417. 汪三贵. 中国农村贫困标准及低保对象[J]. 中国社会保障，2007(12).
418. 汪三贵. 中国农村贫困问题研究[M]. 北京：中国财政经济出版

社，2005.
419. 王碧玉，庞柏林. 中国农村反贫困指标评价新体系的构造[J]. 商业研究，2005(24).
420. 王朝明. 转型期城镇反贫困理论与实践研究[M]. 成都：西南财经大学出版社，2004.
421. 王朝阳，余卫苗，袁灵. 财政扶贫与县域经济增长的实证研究[J]. 财政研究，2012(6).
422. 王国勇，邢溦. 我国精准扶贫工作机制问题探析[J]. 农村经济，2015(9).
423. 王姮，汪三贵. 江西整村推进项目的经济和社会效果评价[J]. 学习与探索，2010(01).
424. 王宏梅. 以人为本的农村扶贫模式初探：以香港乐施会为例[J]. 重庆社会工作职业学院学报，2004(4).
425. 王辉. 试论习近平扶贫观[J]. 人民论坛，2015(20).
426. 王慧炯，甘师俊，李善同，等. 可持续发展与经济结构[M]. 北京：科学出版社，1999.
427. 王骏. 消除贫困与农村人力资源开发[J]. 经济问题探索，2005(11).
428. 王良健，侯文力. 地方政府评估指标体系及评估方法研究[J].
429. 王明黔，王娜. 西部民族贫困地区贫困治理路径选择辨析：基于空间贫困理论视角[J]. 贵州民族研究，2011(4).
430. 王萍萍，方湖柳，李兴平. 中国贫困标准与国际贫困标准的比较[J]. 中国农村经济，2006(12).
431. 王荣党. 西部贫困开发：格局·障碍·路径[J]. 数量经济技术经济研究，2001(12).
432. 王三秀. 国外可持续生计观念的演进、理论逻辑及其启示[J]. 毛泽东邓小平理论研究，2010(9).
433. 王少飞. 用恩格尔系数衡量居民生活水平的可行性研究[J]. 统计研究，2002(6).
434. 王思铁. 精准扶贫：改"漫灌"为"滴灌"[J]. 四川党的建设(农村版)，2014(4).
435. 王宋涛，谢兰兰. 公平分配与居民福利：收入差距对中国居民恩格尔系数的影响分析[J]. 统计与信息论坛，2013(3).
436. 王维红，赵晓康. 论贫困统计指标体系的构建[J]. 上海统计，2002(1).

437. 王小林，王立敏，王燕. 中国经济增长质量与减贫[M]. 北京：社会科学文献出版社，2012.
438. 王小林. 贫困测量：理论与方法[M]. 北京：社会科学文献出版社，2012.
439. 王小林，等. 经济增长质量：中国案例(摘要)[M]//国务院扶贫开发领导小组办公室. 中国扶贫开发年鉴2012. 北京：团结出版社，2012.
440. 王晓毅. 干旱下的牧民生计[J]. 华中师范大学学报，2009(4).
441. 王雨林. 中国农村贫困与反贫困问题研究[M]. 杭州：浙江大学出版社，2008.
442. 王增文. 中国农村贫困线及贫困率的测定：基于拟合收入分布函数法[J]. 西北人口，2009，30(5).
443. 王振军，牛叔文. 基于食品消费的农村贫困线测定分析：以甘肃省为例[J]. 人口与经济，2009(1).
444. 王志升，郑金国. 恩格尔系数作为政府绩效评估指标的合理性分析[J]. 统计与决策，2007(7).
445. 王志章，王晓蒙. 包容性增长：背景、概念与印度经验[J]. 南亚研究，2011(4).
446. 王卓. 中国贫困人口研究[M]. 成都：四川科学技术出版社，2004.
447. 魏后凯，邬晓霞. 中国的反贫困政策：评价与展望[J]. 上海行政学院学报，2009(2).
448. 魏权龄. 评价相对有效性的DEA方法[M]. 北京：中国人民大学出版社，1988.
449. 魏胜文. 反贫困之路[M]. 北京：社会科学文献出版社，2009.
450. 温日丛. 跨越贫困[M]. 南宁：广西人民出版社，1995.
451. 文建龙. 中央领导集体对新中国扶贫理论的贡献述评[J]. 中共云南省委党校学报，2013(5).
452. 文雁兵. 包容性增长减贫策略研究[J]. 经济学家，2015(4).
453. 吴碧英. 城镇贫困：成因、现状与救助[M]. 北京：中国劳动社会保障出版社，2004.
454. 吴芳，尹德志. 系统论视角下的中国农村贫困问题解读[J]. 世界农业，2015(2).
455. 吴国宝. 贫困线建立的理论和方法述评[J]. 经济学动态，1995(11).
456. 吴海涛，丁士军. 贫困动态性：理论与实证[M]. 武汉：武汉大学出版社，2013.
457. 吴庆. 公平述求与贫困治理：中国城市贫困大学生群体现状与社会救助政策[M]. 北京：社会科学文献出版社，2005.
458. 吴兴国，丁国峰. 意识、方式、能力：新生代农民工权利实现的影响因子：基于农民工主体的视角[J]. 中国发展观察，2010(7).
459. 吴雄周. 精准扶贫绩效第三方评估模型与应用[J]. 求索，2018(2).
460. 吴艳. 中国城市贫困人口问题研究[J]. 中共乐山市委党校学报，2008(3).
461. 西奥多·舒尔茨. 穷人的经济学：诺贝尔经济学奖获奖者演说文集[M]. 罗汉，译. 上海：上海人民出版社，1998.
462. 夏庆杰. 劳动就业与反贫困研究[M]. 北京：中国经济出版社，2009.
463. 项英辉. 农村贫困与社会主义新农村建设[M]. 沈阳：辽宁民族出版社，2006.
464. 肖位枢. 模糊数学基础及应用[M]. 北京：航空工业出版社，1992.
465. 谢海峰. 社会质量理论指导下我国农村扶贫事业发展研究[J]. 社会保障研究，2010(6).
466. 谢健. 恩格尔定律的适用性及恩格尔系数的修正[J]. 统计研究，1993(1).
467. 谢君君. 教育扶贫研究述评[J]. 复旦教育论坛，2012(3).
468. 邢成举，葛志军. 集中连片扶贫开发：宏观状况、理论基础与现实选择——基于中国农村贫困监测及相关成果的分析与思考[J]. 贵州社会科学，2013(5).
469. 邢慧斌. 国内旅游扶贫绩效评估理论及方法研究述评[J]. 经济问题探索，2017(7).
470. 徐康宁. 略论恩格尔系数及其在我国的适用程度：兼与任定方同志商榷[J]. 数量经济技术经济研究，1984(7).
471. 徐万坪. 贫困度量指标[J]. 经济师，2004(11).
472. 徐秀军. 解读绿色扶贫[J]. 生态经济，2005(2).
473. 徐月宾，刘凤芹，张秀兰. 中国农村反贫困政策的反思[J]. 中国社会科学，2007(3).
474. 许树柏. 层次分析法原理[M]. 天津：天津大学出版社，1988.
475. 许源源，熊瑛易. 易地扶贫搬迁研究述评[J]. 西北农林科技大学学报(社会科学版)，2018(3).

476. 薛宝生. 公共管理视域中的发展与贫困免除[M]. 北京：中国经济出版社，2006.
477. 寻舸. 基于自组织理论的武陵山片区的扶贫开发机制[J]. 经济地理，2013(2).
478. 亚洲开发银行(ADB)网站，http：//www. adb. org/.
479. 亚洲开发银行. 中国的扶贫概况[Z]. 马尼拉：亚洲开发银行，2003.
480. 阎文学. 富饶的贫困：掣肘与成因[M]. 北京：社会科学文献出版社，2002.
481. 羊锦忠，郑兰长，范国强. 管理系统工程[M]. 北京：中国农业科技出版社，1990.
482. 杨冬民，韦苇. 贫困理论中若干问题的比较研究及对西部反贫困实践的启示[J]. 经济问题探索，2005(1).
483. 杨冬民. 城市贫困：从社会排斥角度分析[D]. 西安：西北大学，2006.
484. 杨立雄. 贫困线计算方法及调整机制比较研究[J]. 经济社会体制比较，2010(5).
485. 杨立雄. 中国农村贫困线研究[M]. 北京：中国经济出版社，2013.
486. 杨青贵. 精准扶贫背景下资产收益扶贫的现实表达与制度回应[J]. 西北农林科技大学学报(社会科学版)，2018(2).
487. 杨秋林. 贫困地区投资项目管理[M]. 北京：人民日报出版社，1994.
488. 杨毅，张琳. 环渝连片特困区精准扶贫效益评价及增进策略：基于 SEM 模型的实证分析[J]. 西南大学学报，2017(5).
489. 杨友孝，曹芳. 中国农村可持续发展的公平制度研究[J]. 经济问题探索，2005(6).
490. 杨照，张正尧. 产业精准扶贫评价体系构建及研究：基于 14 个贫困县的调查[J]. 中国农业资源与区划，2018(3).
491. 杨志军. 内涵挖掘与外延拓展：多中心协同治理模式研究[J]. 甘肃行政学院学报，2012(4).
492. 姚金海. 基于 ELES 方法的贫困线测量[J]. 统计与决策，2007(6).
493. 叶明德. 反贫困与人口问题[M]. 杭州：杭州大学出版社，1998.
494. 叶普万. 贫困问题的国际阐释[J]. 延安大学学报(社会科学版)，2003(2).
495. 伊恩·莫法特. 可持续发展：原则、分析和政策[M]. 宋国君，译. 北京：经济科学出版社，2002.

496. 尹海洁，唐雨. 贫困测量中恩格尔系数的失效及分析[J]. 统计研究，2009(5).
497. 尹世洪. 当前中国城市贫困问题[M]. 南昌：江西人民出版社，1998.
498. 英国海外发展署（DFID）网站，https://www.gov.uk/government/organisations/department-for-international-development.
499. 于学军，解振明. 中国人口发展评论：回顾与展望[M]. 北京：中国人民大学出版社，2000.
500. 于洋，戴蓬军. 新世纪我国农村反贫困对策思考[J]. 农村经济，2004(8).
501. 余方东. 国际上常用的贫困监测统计方法[J]. 中国统计，2004(8).
502. 郁建兴，王诗宗. 治理理论的中国适用性[J]. 哲学研究，2010(11).
503. 袁柏瑞，等. 农业资源开发生态效益评价及应用[M]. 北京：气象出版社，1993.
504. 张彬斌. 新时期政策扶贫：目标选择和农民增收[J]. 经济学(季刊)，2013(3).
505. 张大维. 生计资本视角下连片特困区的现状与治理：以集中连片特困地区武陵山区为对象[J]. 华中师范大学学报(人文社会科学版)，2011(4).
506. 张迪. 财政扶贫资金绩效评价的现状、问题及对策[J]. 郑州航空工业管理学院学报，2018(2).
507. 张宏. 欠发达地区参与式扶贫开发模式研究[D]. 兰州：兰州大学，2007.
508. 张焕明. 我国农村居民消费水平地区性差异的实证分析[J]. 经济科学，2002(5).
509. 张鹏顺. 区域理论视野下的旅游扶贫[J]. 理论探讨，2011(2).
510. 张琦，胡田田. 中国绿色减贫指数研究：绿色减贫理论综述[J]. 经济研究参考，2015(10).
511. 张全红，张建华. 贫困、经济增长与脱贫时间：基于中国城镇居民调查数据的分析[J]. 南方经济，2007(3).
512. 张全红，张建华. 中国的经济增长、收入不平等与贫困的变动：1981—2001——基于城乡统一框架的分析[J]. 经济科学，2007(4).
513. 张全红，张建华. 中国经济增长的减贫效果评估[J]. 南方经济，2007(5).
514. 张全红. 中国农村扶贫资金投入与贫困减少的经验分析[J]. 经济评论，2010(2).

515. 张绍华，郑忠良. 区域优性文化与区域经济发展[J]. 经济问题探索，2005(7).
516. 张衔. 民族地区扶贫绩效分析：以四川省为例[J]. 西南民族大学学报，2000(3).
517. 张晓玲. 社会弱势群体权利的法律保障研究[M]. 北京：中共中央党校出版社，2009.
518. 张孝存，肖岁利. 商洛农村社区贫困成因及扶贫模式研究：以陕西商州国家扶贫开发重点区为例[J]. 乡镇经济，2007(4).
519. 张笑芸，唐燕. 创新扶贫方式，实现精准扶贫[J]. 资源开发与市场，2014(9).
520. 张新伟. 市场化与反贫困路径选择[M]. 北京：中国社会科学出版社，2001.
521. 张雪梅，李晶，李小云. 妇女贫困：从农村到城乡，从收入贫困到多维贫困：2000 年以来中国“妇女贫困”研究评述与展望[J]. 妇女研究论丛，2011(5).
522. 张岩松. 发展与中国农村反贫困[M]. 北京：中国财政经济出版社，2004.
523. 张艳涛，白云涛，韩国栋. 采用扩展线性支出系统来测算贫困线[J]. 市场周刊，2007(4).
524. 张玉强，李祥. 我国集中连片特困地区精准扶贫模式的比较研究：基于大别山区、武陵山区、秦巴山区的实践[J]. 湖北社会科学，2017(2).
525. 张玉周. 我国城乡居民收入与消费关系的比较分析[J]. 统计与决策，2013(22).
526. 章熙春，范世民，韩莹. 我国城市贫困治理评估及创新路径研究[J]. 华南理工大学学报，2017(2).
527. 赵昌文. 贫困地区可持续扶贫开发战略模式及管理系统研究[M]. 成都：西南财经大学出版社，2001.
528. 赵承，刘健. 我们离全面建成小康社会的目标还有多远[N]. 人民日报海外版，2002-11-12.
529. 赵敏，童纪新，等. DEA 评价模型在库区移民经济评价中的应用[J]. 水利经济，2000(11).
530. 赵娜. 关于反贫困研究的社会学理论综述：基于个体与结构的视角[J]. 知识经济，2012(11).

531. 赵群. 社会性别与妇女反贫困[M]. 北京：社会科学文献出版社，2011.
532. 赵卫亚. 我国农村居民恩格尔系数变动规律探析[J]. 农业经济问题，1999(6).
533. 赵文宪. 新疆贫困地区脱贫致富发展战略[M]. 乌鲁木齐：新疆科技卫生出版社，1991.
534. 赵雪雁，张方圆，等. 回族地区农户社会资本特征分析：以临夏回族自治州为例[J]. 西北师范大学学报(自然科学版)，2013(3).
535. 赵中社. 贫困与发展[M]. 哈尔滨：黑龙江教育出版社，1989.
536. 郑宝华. 参与性贫困评估和扶贫战略的调整：来自贫困者的声音[J]. 云南社会科学，2003(3).
537. 郑杭生. 社会学概论新修[M]. 北京：中国人民大学出版社，2013.
538. 郑杭生. 走向更加公正的社会：弱势群体与社会支持[M]. 北京：中国人民大学出版社，2003.
539. 郑建平，刘兴武. 让贫困标准与国际标准接轨[J]. 领导之友，2007(4).
540. 郑瑞强，徐元刚，施国庆. 连片特困区政府减贫行为供需对接障碍与机制优化[J]. 青海社会科学，2015(3).
541. 中国(海南)改革发展研究院课题组. 中国承诺本世纪末消除贫困[M]. 北京：经济科学出版社，1998.
542. 中国的减贫仍在消除绝对　未来5年将7000多万人口脱贫，http://www.bjzq.com.cn/dpfx/ShowArticle.asp? ArticleID=514925.
543. 中国的农村扶贫开发白皮书[Z]. 中华人民共和国国务院新闻办公室，2001-10-15.
544. 中国发展基金会. 在发展中消除贫困：中国发展报告2007[M]. 北京：中国发展出版社，2007.
545. 中国科学院可持续发展战略研究组. 2012中国可持续发展战略报告：全球视野下的中国可持续发展[M]. 北京：科学出版社，2012.
546. 中国确保2020年消除贫困，http://learning. sohu. com/20151130/n428899788.shtml.
547. 中国社科院. 中国农村扶贫开发的新进展[M]. 北京：人民出版社，2011.
548. 中华人民共和国民政部. 中国民政统计年鉴(2010)[M]. 北京：中国统计出版社，2010.
549. 中华人民共和国民政部. 中国民政统计年鉴(2011)[M]. 北京：中国统

计出版社，2011.
550. 中华人民共和国民政部．中国民政统计年鉴(2012)[M]．北京：中国统计出版社，2012.
551. 中华人民共和国民政部．中国民政统计年鉴(2013)[M]．北京：中国统计出版社，2013.
552. 中华人民共和国民政部．中国民政统计年鉴(2014)[M]．北京：中国统计出版社，2014.
553. 中华人民共和国民政部．中国民政统计年鉴(2015)[M]．北京：中国统计出版社，2015.
554. 中华人民共和国民政部．中国民政统计年鉴(2016)[M]．北京：中国统计出版社，2016.
555. 中华人民共和国民政部．中国民政统计年鉴(2017)[M]．北京：中国统计出版社，2017.
556. 中华人民共和国民政部．中国民政统计年鉴(2018)[M]．北京：中国统计出版社，2018.
557. 周彬彬．向贫困挑战：国外缓解贫困的理论与实践[M]．北京：人民出版社，1991.
558. 周冬梅．中国贫困治理三十年：价值、行动与困境[J]．青海社会科学，2017(6).
559. 周敏凯．试析全球贫困问题与中国贫困线标准调整计划[J]．社会科学，2008(10).
560. 周文，李晓红．社会资本对反贫困的影响研究：多元范式的形成与发展[J]．教学与研究，2012(1).
561. 周晔馨，叶静怡．社会资本在减轻农村贫困中的作用：文献述评与研究展望[J]．南方经济，2014(7).
562. 周晔馨．社会资本是穷人的资本吗？——基于中国农户收入的经验证据[J]．管理世界，2012(7).
563. 周晔馨．社会资本在农户收入中的作用：基于中国家计调查(CHIPS2002)的证据[J]．经济评论，2013(4).
564. 朱凤岐．中国反贫困研究[M]．北京：中国计划出版社，1996.
565. 朱海玲．城镇居民贫困线的测定[J]．湖南商学院学报，2003(1).
566. 朱玲，蒋中一．以工代赈与缓解贫困[M]．上海：上海人民出版社，1994.

567. 朱明放，等. 贫困地区可持续发展的动态评价体系研究[J]. 陕西财经学院学报，2002(2).
568. 朱启贵. 可持续发展评估[M]. 上海：上海财经大学出版社，1999.
569. 朱乾宇. 政府扶贫资金投入方式与扶贫绩效的多元回归分析[J]. 中央财经大学学报，2004(7).
570. 朱文镇，赵秋喜. 关于中国农村文化性贫困的若干思考[J]. 农村经济，2004(1).
571. 朱新玲. 利用扩展性支出确定贫困线[J]. 统计科学与实践，2003(3).
572. 朱勇. 美国关于贫困线的界定[J]. 社会工作研究，1995(6).
573. 祝梅娟. 贫困线测算方法的最优选择[J]. 经济问题探索，2003(6).
574. 邹德秀. 地区贫困与贫困地区开发[M]. 北京：科学出版社，2000.
575. 左停，杨雨鑫. 重塑贫困认知：主观贫困研究框架及其对当前中国反贫困的启示[J]，贵州社会科学，2013(9).

附　　录

附录一　贫困村、贫困家庭、贫困人口现状调查问卷

您好！我们是武汉轻工大学的师生，正在进行农村贫困问题调研。为广泛获取实际信息，您的回答对本研究至关重要，敬请您给予大力支持。

个体和村庄基本信息

1.（1）户主年龄：________　（2）上学年限：________
（3）户主性别：________　（4）户主民族：________

2.（1）是否干部？　○是　○否
（2）是否在金融机构工作？　○是　○否

3. 户主职业类型？（选择一项填写）
○1 务农　○2 打短工　○3 企业　○4 运输　○5 农村进城务工人员

4.（1）家庭总人数：________　（2）务农人数：________
（3）小于等于14岁人数：________　（4）上学人数：________
（5）大于等于65岁人数：________　（6）男性劳动力：________
（7）女性劳动力：________

5.（1）总耕地面积：________　（2）可灌溉面积：________
（3）几块地：________　（4）最大亩数：________
（5）最小亩数：________

6.（1）林地面积：________　（2）经济林面积：________
（3）生态林面积：________　（4）林业收入（元）：________
（5）林地补偿（元/亩）：________　（6）认为一亩地补偿（元）：________
（7）补偿百分比：________

7.（1）是否有过生活困难 ○是 ○否

（2）困难几年：____________

8.（1）是否陷贫 ○是 ○否

（2）陷贫原因：____________

9.（1）是否脱贫 ○是 ○否

（2）脱贫原因：__________

10.（1）①几间房：__________

②住房类型 ○1 土坯 ○2 砖混

③房屋造价：__________

（2）①交通工具 ○电动车 ○摩托车 ○小汽车

②价值（元）：__________

③其他注明：__________ ④价值（元）：__________

（3）①农用机械：__________ ②价值（元）：__________

③其他注明：__________ ④价值（元）：__________

11. 饮用水方式？ ○1 井水 ○2 自来水 ○3 河水

12. 照明？ ○1 油灯 ○2 电灯 ○3 沼气

13. 做饭燃料？ ○1 煤气 ○2 煤 ○3 柴火

14. 村庄类型？ ○1 贫困村 ○2 不是贫困村

15. 村庄地理特征？ ○1 山地 ○2 山丘 ○3 平原

16.（1）乡镇企业个数？__________ （2）合作社个数？__________

（3）民间协会个数？__________

17.（1）硬化路：__________ （2）集市：__________

（3）信用社：__________ （4）医院：__________

18.（1）口粮？ ○0 自产 ○1 购买

（2）实际生产__________吨/千克/斤

（3）自留__________吨/千克/斤

19.（1）每年吃肉次数__________

（2）每年吃肉斤数：__________

贷款情况

20. 是否向信用社贷款？

○是 ○否

21. 没申请原因 ？

○1 不需要　○2 得不到贷款　○3 不了解程序

22. 是否获得贷款？

○是　○否

23. (1)实际贷款金额：__________　(2)期望贷款金额：__________

24. (1)实际年利率：__________　(2)期望年利率：__________

25. (1)实际贷款期限：__________　(2)期望贷款期限：__________

26. (1)是否需要提供抵押品　○是　○否

(2)抵押品名称

○1 土地　○2 房产　○3 股票　○4 有价证券

○5 农产品　○6 农具　○7 车辆　○8 其他

(3)价值：__________

(4)使用年限：__________

(5)是否提供贷款担保　○是　○否

(6)担保形式　○1　○2　○3　○4　○5　○6

27. 贷款从事项目

○1 种子　○2 农资　○3 农机　○4 农田建设

○5 看病　○6 结婚　○7 孩子学费　○8 交通费

○9 老人去世

28. 获取信贷信息方便程度

○1 方便　○2 较方便　○3 一般　○4 不方便

○5 很不方便

就业能力

29. (1)外出打工人数：__________　(2)专职打工人数：__________

(3)年收入(元/年,元/月)：__________　(4)兼业打工人数：__________

(5)打工时间：__________　(6)年收入(元/年)：__________

(7)每年寄多少钱回家：__________

30. 外出从事工作

○1 建筑　○2 饭店　○3 物流

○4 销售　○5 服务业　○6 企业

31. (1)是否参加培训　○是　○否

(2)接受几次培训：___________

(3)是否需要交培训费用　○是　　○否

(4)缴纳培训费：___________

32. (1)获取打工信息渠道

○1 老乡介绍　○2 中介　○3 政府部门

○4 网上信息　○5 校招　○6 劳务局

(2)能否获得市场信息　○1 能　○2 不能

市场化能力

33. 农产品销售方式？　○1 合作社　○2 自己销售

34. 讨价还价能力？　○1 有　○2 一般

○3 没有　○4 交经纪人

35. (1)是否签订协议？　○是　○否

(2)能否履行合约？　○是　○否

36. 会及时调整种植结构？　○1 会　○2 不会

37. 受谁影响？　○1 邻居　○2 农业科技站

38. 能否获得市场信息　○1 能　○2 不能

风险应对能力

39. (1)是否有农业保险　○是　○否

(2)缴费___________元

40. 获赔偿　○1 有　○2 无　○3 一次　○4 两次以上

41. (1)是否有合作养老保险　○是　○否

(2)享受人数___________　(3)享受金额___________(月/元)

(4)享受___________(年/月)　(5)购买社保费用：___________

42. (1)是否有最低生活保障？　○是　○否

(2)生活保障金额：___________　(3)已享受___________(年/月)

(4)低保是否花费？　○是　○否

(5)花费成本：___________

43. 解决生活困难途径　○1 外出打工　○2 借钱　○3 省钱

家庭经营及生计方式情况

44. (1)种植粮食作物收入__________　(2)种植粮食作物人数：__________

(3)种植经济作物收入__________　　(4)种植经济作物人数：__________

(5)外出务工收入__________　　(6)外出务工人数：__________

(7)跑运输收入__________　　(8)跑运输收入人数：__________

(9)做生意收入__________　　(10)做生意收入人数：__________

(11)企事业单位工资__________　　(12)企事业单位人数：__________

(13)养老金金额：__________　　(14)领取养老金人数：__________

(15)政府补贴、救济金额：__________　　(16)其他备注：__________

(17)总收入：__________　　(18)人口数量：__________

(19)人均收入：__________　　(20)食物支出金额：__________

(21)日常用品金额：__________　　(22)教育支出：__________

(23)医疗支出：__________　　(24)交通费：__________

(25)通信费：__________　　(26)人情礼品支出：__________

(27)其他备注：__________　　(28)总支出：__________

扶贫参与排斥基本情况

45. (1)是否有扶贫项目　○是　○否

(2)扶贫项目

○1 无　○2 没有听说过　○3 土地项目　○4 房子改造

○5 种子项目　○6 化肥　○7 养殖项目

46. (1)是否参与扶贫项目　○是　○否

(2)未参与扶贫项目原因

○1 不符合条件　○2 不想参加　○3 效果不好　○4 没有能力

○5 没有批准　○6 不知道　○7 五保户

47. 参与扶贫项目方式　○1 独立　○2 合伙　○3 家族　○4 合作

48. 扶贫认知

(1)政府重视程度　○1　○2　○3　○4　○5

(2)扶贫总体效果　○1　○2　○3　○4　○5

(3)脱贫信心　○1　○2　○3　○4　○5

(4)扶贫作用　○1　○2　○3　○4　○5

(5)新农合保障　○1　○2　○3　○4　○5　○6

49. 参与项目后

(1)收入变化　○1　○2　○3　○4　○5

(2)应对风险能力变化　○1　○2　○3　○4　○5
(3)贷款获取能力变化　○1　○2　○3　○4　○5
(4)生活质量变化　○1　○2　○3　○4　○5

生计能力提升

50. 农户学习行为
(1)定期参加培训　○1　○2　○3
(2)脱贫致富机会　○1　○2　○3　○4
(3)新型职业农民　○1　○2　○3　○4　○5
(4)蔬菜种植技术　○1　○2　○3　○4
(5)获取就业机会　○1　○2　○3　○4　○5

51. 获取信息与学习能力
(1)消息来源　○1　○2　○3　○4　○5
(2)交流经验　○1　○2　○3　○4　○5
(3)请教别人　○1　○2　○3　○4

52. 政府技术培训
(1)采用哪种技术：________
(2)初始采用时间：________
(3)持续采用时间：________
(4)采用面积：________
(5)是否参与培训　○是　○否
(6)指导方式　○1 教材　○2 培训班　○3 现场学习　○4 田间经验交流

社会网络

53. (1)村里户数：________　(2)共有人数：________
(3)经常往来：________　(4)手机联系人数：________
(5)农民人数：________　(6)教师人数：________
(7)银行职员人数：________　(8)政府职员人数：________
(9)村干部人数：________

54. (1)①联系频繁程度　○1　○2　○3　○4　○5
②邻居家串门　○1　○2　○3　○4　○5
③客人来访　○1　○2　○3　○4　○5

④彼此走动	○1	○2	○3	○4	○5
⑤交流讨论	○1	○2	○3	○4	○5
(2)联系亲密程度					
①婚丧嫁娶	○1	○2	○3	○4	○5
②一起玩乐	○1	○2	○3	○4	○5
③解决问题	○1	○2	○3	○4	○5
(3)互惠交换程度					
①愿意帮忙	○1	○2	○3	○4	○5
②帮忙解决	○1	○2	○3	○4	○5
③提供帮助	○1	○2	○3	○4	○5
④获取信息	○1	○2	○3	○4	○5
⑤跟别人借钱	○1	○2	○3	○4	○5
⑥借钱给别人	○1	○2	○3	○4	○5
(4)人际信任程度					
①真诚守信	○1	○2	○3	○4	○5
②愿意借东西	○1	○2	○3	○4	○5
③不伤害利益	○1	○2	○3	○4	○5
55. (1)政策信息	○1	○2	○3	○4	○5
(2)规章制度	○1	○2	○3	○4	○5
56. 运行良好?	○1	○2	○3	○4	○5
57. 本村风气	○1	○2	○3	○4	○5
58. 村民关系	○1	○2	○3	○4	○5
59. (1)是否担心?	○是	○否			
(2)担心事情	○1	○2	○3	○4	○5
	○6	○7	○8	○9	

突发事件

60. (1)洪水发生次数：____________

损失金额：____________

严重程度　○1　○2　○3　○4　○5

(2)干旱发生次数：____________

损失金额：____________

严重程度　○1　○2　○3　○4　○5

(3)冰雹发生次数：____________

损失金额：____________

严重程度　○1　○2　○3　○4　○5

(4)病虫害发生次数：____________

损失金额：____________

严重程度　○1　○2　○3　○4　○5

(5)其他：____________

发生次数：____________

损失金额：____________

严重程度　○1　○2　○3　○4　○5

市场风险

61. (1)农产品价格波动发生次数：____________

损失金额：____________

严重程度　○1　○2　○3　○4　○5

(2)生产要素价格波动发生次数：____________

损失金额：____________

严重程度　○1　○2　○3　○4　○5

(3)雇工费用价格波动发生次数：____________

损失金额：____________

严重程度　○1　○2　○3　○4　○5

(4)农产品出售难发生次数：____________

损失金额：____________

严重程度　○1　○2　○3　○4　○5

(5)其他：____________

发生次数：____________

损失金额：____________

严重程度　○1　○2　○3　○4　○5

62. 户主健康　○1　○2　○3　○4　○5

63. (1)是否突发疾病或事故　○是　○否

(2)疾病或事故种类　○1　○2　○3　○4　○5

○6　○7　○8

(3)损失____________(元)

64. 慢性病种类

○1　○2　○3　○4　○5　○6　○7　○8

○9　○10　○11　○12

65. (1)看病花费____________(元)

(2)病严重程度　○1　○2　○3　○4　○5

数据来源：1. 入户调查(　)

2. 根据城市调查队数据填写(　)

3. 根据扶贫办档案填写(　)

年　月　日　调查地点：　　　　调查人签字：

附录二　城市贫困群体现状调查问卷

您好！我们是武汉轻工大学的师生，正在进行城市家庭贫困现状调研，为广泛获取信息，敬请您给予大力支持。

1. 家庭成员数量与结构基本情况

(1)家庭成员数量？　(2)家庭就业人口数量？

(3)家庭非就业人口数量？　(4)家庭子女数量？

(5)家庭老人数量？　(6)家庭在校读书子女数量？

(7)家庭就业人口单位性质

○国有企业　○个体企业　○私营企业　○国家机关　○其他

(8)是否加入社会养老保险？　○是　○否

(9)是否加入社会医疗保险？　○是　○否

2. 家庭资产情况

(1)家庭住房面积(平方米)？

○自己购买　○租住　○借住

(2)家庭固定资产总值(元)？

(3)主要交通工具

○汽车　○摩托车　○电动代步车　○自行车(共享单车)　○公交车

3. 家庭居住城市的原因

○原来城市住户　○从农村移民来　○投亲　○因工作调动、读书留下

4. 家庭耕地情况？

○在农村老家有耕地　○无

5. 你认为家庭贫困的原因？

○收入低　○物价高　○失业人口多　○生活成本高　○因突发事件致贫

6. 家庭收入情况

(1)工资收入：＿＿＿＿＿＿　(2)就业人员数量：＿＿＿＿＿＿

(3)养老金、退休金收入：＿＿＿＿＿＿　(4)领取养老金人数：＿＿＿＿＿＿

(5)政府补贴、救济金额：＿＿＿＿＿＿　(6)其他备注：＿＿＿＿＿＿

(7)总收入：＿＿＿＿＿＿

7. 家庭支出情况

(1)食物支出金额：____________　　(2)日常用品支出：____________

(3)教育支出：____________　　(4)租房支出

(5)医疗支出：____________　　(6)交通费：____________

(7)通信费：____________　　(8)人情礼品支出：____________

(9)其他：____________　　(10)总支出：____________

8. 家庭对城市环境与制度的了解和应用情况

(1)是否明确知道“五险一金”？

○10　○9　○8　○7　○6　○5　○4　○3　○2　○1　○0

(2)企业是否为您缴纳“五险一金”？　○是　○否

(3)是否愿意购买保险？　○是　○否

(4)企业或政府负担50%，是否愿意购买保险？　○是　○否

(5)是否了解《劳动法》《工伤保险条例》？

○10　○9　○8　○7　○6　○5　○4　○3　○2　○1　○0

(6)是否具有法律维权意识？

○10　○9　○8　○7　○6　○5　○4　○3　○2　○1　○0

(7)是否愿意用法律维权？　○是　○否

(8)法律维权作用评价

○10　○9　○8　○7　○6　○5　○4　○3　○2　○1　○0

(9)是否签订劳动合同？　○是　○否

(10)对合同条款的了解程度：

○10　○9　○8　○7　○6　○5　○4　○3　○2　○1　○0

(11)合同条款修订率：

○10　○9　○8　○7　○6　○5　○4　○3　○2　○1　○0

(12)合同未修订时，合同条款公平性：

○10　○9　○8　○7　○6　○5　○4　○3　○2　○1　○0

(13)合同保护合法权益能力：

○10　○9　○8　○7　○6　○5　○4　○3　○2　○1　○0

(14)未签订合同时，就业权益保护信心：

○10　○9　○8　○7　○6　○5　○4　○3　○2　○1　○0

(15)城市政治环境评价均值：

○10　○9　○8　○7　○6　○5　○4　○3　○2　○1　○0

(16)城市经济环境评价均值：

○10 ○9 ○8 ○7 ○6 ○5 ○4 ○3 ○2 ○1 ○0

(17)城市文化环境评价均值：

○10 ○9 ○8 ○7 ○6 ○5 ○4 ○3 ○2 ○1 ○0

9. 家庭对扶贫项目的参与和理解程度

参加扶贫情况：

(1)是否参与扶贫项目 ○是 ○否

(2)未参与扶贫项目的原因

○1 不符合条件 ○2 不想参加 ○3 效果不好

○4 没有能力 ○5 没有批准 ○6 不知道

对扶贫的认知：

(1)政府重视程度 ○1 ○2 ○3 ○4 ○5

(2)扶贫总体效果 ○1 ○2 ○3 ○4 ○5

(3)脱贫信心 ○1 ○2 ○3 ○4 ○5

(4)扶贫作用 ○1 ○2 ○3 ○4 ○5

(5)对社保的认识 ○1 ○2 ○3 ○4 ○5

参加扶贫项目后的变化评价：

(1)收入变化 ○1 ○2 ○3 ○4 ○5

(2)应对风险能力变化 ○1 ○2 ○3 ○4 ○5

(3)贷款获取能力变化 ○1 ○2 ○3 ○4 ○5

(4)生活质量变化 ○1 ○2 ○3 ○4 ○5

10. 当前家庭生活面临的问题(选择三项并排序)

排序	主要标志
	城市压力大，生活累
	买房负担重、买不起
	消费水平高
	受歧视、地位低
	城市就业风险大，失业后没有生活保障
	城市教育费用高
	其他问题

11. 家庭希望提供的保障

排序	主要标志
	最低工资保障
	保障住房或廉租房保障
	社会保障
	医疗条件保障
	工作、生活环境保障
	子女受教育条件保障
	权益保障
	其他保障

年　月　日　调查地点：　　　　　　　　调查人签字：

附录三　贫困农村进城务工人员群体现状调查问卷

您好！感谢您在百忙之中填写问卷，我们是武汉轻工大学的师生，正在进行农村进城务工人员贫困家庭研究调研，为广泛获取信息，敬请您给予大力支持。

1. 农村进城务工人员家庭成员数量与结构基本情况

(1)家庭成员数量？＿＿＿＿＿＿

(2)家庭农村劳动力数量？＿＿＿＿＿＿

(3)家庭城市劳动力数量？＿＿＿＿＿＿

(4)家庭农村非劳动力数量？＿＿＿＿＿＿

(5)家庭城市非劳动力数量？＿＿＿＿＿＿

(6)家庭子女数量？＿＿＿＿＿＿

(7)家庭老人数量？＿＿＿＿＿＿

2. 农村进城务工人员家庭农村资产情况

(1)家庭宅基地面积(亩)？＿＿＿＿＿＿

(2)家庭耕地面积(亩)？＿＿＿＿＿＿

(3)家庭转租耕地年租金(元)？＿＿＿＿＿＿

(4)家庭住房面积(平方米)？＿＿＿＿＿＿

○ 100~150　　○150~200　　○200 以上

(5)家庭宅基地、住房总值(元)？＿＿＿＿＿＿

○ 5 万~10 万　　○10 万~20 万　　○20 万以上

(6)家庭农用固定资产总值(元)？＿＿＿＿＿＿

(7)家庭期望住房年租金(元)？＿＿＿＿＿＿

3. 农村进城务工人员家庭宅基地、住房处置意愿选择？(选择一项填写)

○ 给城镇户口，无偿放弃　○给城镇户口，有偿放弃　○其他方式

4. 农村进城务工人员家庭耕地处置意愿选择？(选择一项填写)

○保留自种　　○亲友代种　　○有偿流转

○入股分红　　○抛荒闲置

5. 农村进城务工人员家庭对城市环境与制度的了解和应用情况

(1)是否明确知道“五险一金”？

○10　○9　○8　○7　○6　○5　○4　○3　○2　○1　○0

(2)企业是否为您缴纳“五险一金”？　○是　○否

(3)是否愿意购买保险？　○是　○否

(4)企业或政府负担50%，是否愿意购买保险？　○是　○否

(5)是否了解《劳动法》《工伤保险条例》？

○10　○9　○8　○7　○6　○5　○4　○3　○2　○1　○0

(6)是否具有法律维权意识？

○10　○9　○8　○7　○6　○5　○4　○3　○2　○1　○0

(7)是否愿意用法律维权？　○是　○否

(8)法律维权作用评价

○10　○9　○8　○7　○6　○5　○4　○3　○2　○1　○0

(9)是否签订劳动合同？　○是　○否

(10)对合同条款的了解程度：

○10　○9　○8　○7　○6　○5　○4　○3　○2　○1　○0

(11)合同条款修订率：

○10　○9　○8　○7　○6　○5　○4　○3　○2　○1　○0

(12)合同未修订时，合同条款公平性：

○10　○9　○8　○7　○6　○5　○4　○3　○2　○1　○0

(13)合同保护合法权益能力：

○10　○9　○8　○7　○6　○5　○4　○3　○2　○1　○0

(14)未签订合同时，就业权益保护信心：

○10　○9　○8　○7　○6　○5　○4　○3　○2　○1　○0

(15)城市政治环境评价均值：

○10　○9　○8　○7　○6　○5　○4　○3　○2　○1　○0

(16)城市经济环境评价均值：

○10　○9　○8　○7　○6　○5　○4　○3　○2　○1　○0

(17)城市文化环境评价均值：

○10　○9　○8　○7　○6　○5　○4　○3　○2　○1　○0

6. 农村进城务工人员家庭定居城市意愿情况

(1)家庭定居城市意愿？(选择一项填写)

○定居　○不定居　○不确定

(2)家庭成员选择成为市民的意愿？(选择一项填写)

○愿意　○不愿意　○不确定

(3)家庭定居城市的主要障碍是?(选择一项填写)

○经济原因　　○制度原因　　○风险因素

7. 农村进城务工人员家庭选择定居城市的原因分布

(1)家庭选择定居城市的原因?(选择三项并排序)

排序	主要标志
	城市收入高，生活条件好
	子女受教育条件好
	城市精神文化丰富
	城市可以找到挣钱多的工作
	其他原因

(2)家庭成员选择成为市民的主要原因(选择三项并排序)?

排序	主要标志
	受教育条件好
	社保水平高
	生活条件好
	子女高考容易
	就业稳定，有低保
	福利水平高
	身份平等
	城市人体面
	城里退休工资和社会保障好
	农民负担过重
	其他原因

(3)不希望成为市民的主要原因(选择三项并排序)?

排序	主要标志
	城市压力大，生活累
	在城市买房负担重、买不起
	城市消费水平高
	不想放弃承包地
	在城市受歧视、地位低
	没有户口，得不到城市居民待遇
	城市就业风险大，失业后没有生活保障
	城市教育费用高
	其他问题

8. 农村进城务工人员家庭选择返乡的原因分布(选择四项并排序)

排序	主要标志
	生活安逸，压力小
	生态环境好
	人员熟悉，关系融洽
	消费低
	生活更习惯
	身心健康

9. 农村进城务工人员成为市民的主要标志(选择三项并排序)

排序	主要标志
	取得城市户口
	稳定的工作和较高的收入
	具有和市民一样生活方式和价值观念
	成为企业的正式职工
	享有和市民一样的待遇
	在城市购买了住房

10. 农村进城务工人员成为市民后面临的主要问题

排序	主要标志
	城市消费水平高，支出大
	在城市买房负担
	城市压力大，生活累
	孩子在城市上学费用高
	在城市受歧视、地位低
	看病难，看病贵
	城市风险大，失业后没有生活保障
	其他问题

11. 农村进城务工人员就业状况

(1)期望就业单位性质？

○行政事业　○国有企业　○三资企业

○集体企业　○个体、私营企业

(2)认为劳动保护状况如何？

○很好或较好　○一般　○较差或没有

(3)拖欠工资状况如何？

○偶尔　○经常　○没有

(4)是否加入社会养老保险？　○是　○否

(5)是否加入社会医疗保险？　○是　○否

(6)对就业单位的评价？

○满意或较满意　○一般　○不满意或很不满意

12. 农村进城务工人员家庭希望政府为定居城市提供的保障情况(选择三项并排序)

排序	主要标志
	最低工资保障
	保障住房或廉租房保障

续表

排序	主要标志
	社会保障
	医疗条件保障
	工作、生活环境保障
	子女受教育条件保障
	权益保障
	其他保障

13. 农村进城务工人员家庭月结余情况表

(1)居住于省会或副省级城市户月均结余：________________

(2)居住于地级市户月均结余：________________

(3)居住于县城或小城镇户月均结余：________________

14. 农村进城务工人员的成本-收入结构情况(报区间范围)

(1)每户平均每月结余为：________________

(2)家庭生活于农村的成本为：________________

(3)家庭生活于城市的成本为：________________

(4)家庭的居住成本为：________________

(5)家庭的通信成本为：________________

(6)家庭的医疗成本为：________________

(7)家庭的受教育成本为：________________

(8)家庭的其他成本为：________________

(9)家庭的流动成本为：________________

(10)家庭城市务工收入为：________________

(11)城市福利性收益为：________________

(12)城市福利性收益获得率为：________________

(13)家庭农村资产收入为：________________

(14)家庭农村务工、务农收入为：________________

(15)农村福利性收益为：________________

(16)农村福利性收益获得率为：________________

(17)其他收入为：________________

15. 农村进城务工人员职业技能和技能培训情况

(1)农村进城务工人员职业技能等级?

○无技能等级　○初级技工　○中级技工　○高级技工
○ 技师　○高级技师

(2)农村进城务工人员职业技培训渠道?

○没有参加　○学徒工　○自费技能培训
○政府组织培训　○企业组织培训

16. 农村进城务工人员外出务工年数

(1)农村进城务工人员累计外出务工年数?

○1 年以下　○1~3 年　○4~5 年　○6~9 年
○10~14 年　○15~19 年　○20 年以上

(2)农村进城务工人员当前城市务工年数?

○1 年以下　○1~3 年　○4~5 年　○6~9 年
○10~14 年　○15~19 年　○20 年以上

(3)农村进城务工人员家庭当前每人务工年数?

○1 年以下　○1~3 年　○4~5 年　○6~9 年
○10~14 年　○15~19 年　○20 年以上

17. 农村进城务工人员务工情况

(1)农村进城务工人员务工行业?

○工业　○建筑业　○商业　○餐饮和家庭服务业
○交通运输业　○农业　○其他

(2)农村进城务工人员务工地点?

○直辖市　○省会城市　○地级市　○县级市
○县城或小城镇　○农村

(3)农村进城务工人员工作单位性质?

○国有企业　○个体企业　○私营企业　○国家机关
○其他

18. 近 3 年变换单位情况

○没有更换　○更换 1 个单位　○更换 2 个单位
○更换 3 个单位　○更换 4 个单位

19. 农村进城务工人员城市务工收入结余情况

(1)农村进城务工人员城市务工结余：________________

(2)农村进城务工人员储蓄或寄回家数额：________________

(3)农村进城务工人员城市生活月支出总数：________________

(4)农村进城务工人员每月食品支出：________________

(5)农村进城务工人员居住支出：________________

20. 农村进城务工人员入城渠道分布情况

○自己进城　　○跟其他成员　　○农村招工

○社会亲情网络　　○工头　　○民间中介

○其他途径

年　月　日　调查地点：　　　　调查人签字：